基于现代信息技术背景下的英语教学发展研究

黄 岚 ◎ 著

吉林出版集团股份有限公司

图书在版编目（CIP）数据

基于现代信息技术背景下的英语教学发展研究 / 黄岚著. — 长春：吉林出版集团股份有限公司，2022.9

ISBN 978-7-5731-2166-0

Ⅰ．①基… Ⅱ．①黄… Ⅲ．①英语—教学研究 Ⅳ. ①H319.3

中国版本图书馆 CIP 数据核字 (2022) 第 172936 号

基于现代信息技术背景下的英语教学发展研究

著　　者	黄　岚
责任编辑	滕　林
封面设计	林　吉
开　　本	787mm×1092mm　　1/16
字　　数	200 千
印　　张	9.25
版　　次	2022 年 9 月第 1 版
印　　次	2022 年 9 月第 1 次印刷
出版发行	吉林出版集团股份有限公司
电　　话	总编办：010-63109269
	发行部：010-63109269
印　　刷	廊坊市广阳区九洲印刷厂

ISBN 978-7-5731-2166-0　　　　　　　　　定价：68.00 元

版权所有　侵权必究

前　言

　　21 世纪以来，以互联网和多媒体为代表的信息技术的飞速发展对人们的教育和学习理念产生了深远的影响，改变着传统大学英语教与学的环境和师生关系，为大学英语的教与学提供了前所未有的发展空间。现代信息技术与大学英语教学的整合便于大学英语教师借助信息技术打破传统的"平面"课堂，对教学资源进行重组，使教学内容化远为近、化虚为实、化静为动、化抽象为具体、化宏观为微观，使英语教学从单一的模式向直观趣味性、艺术性和立体化模式转变。构建数字化、网络化、智能化、人性化的"立体"课堂，建立真实的语言学习环境，加强师生和环境之间的多向信息流动，强化课堂学习与课外实践的关联性，优化教学设计，从而进行个性化教学。

　　现代信息技术的使用在很大程度上丰富了英语课堂教学形式，激发了学生对英语学习的兴趣。交互功能的广泛使用让师生之间的沟通方式得以扩展，同时实现了同步和异步交流功能，加强了师生之间的信息交流，为英语教学课堂提供了多种学习情景，具有多元化、多样化和主动化的功能特点。学生在学校提供的学习平台下，运用现有场所、资源和设备，在自身认知基础之上实现个人英语知识体系的构建。在现代信息设备的帮助下，学生可自主开展学习任务，英语教学不再局限于传统意义上的课堂教学，而是在课堂教学的基础上不断引申和加强，实现学生个性化学习。教师和学生在此教学模式下，不再局限于场所、时间和引导者，可通过网页留言、聊天软件、校内网站和网络论坛等不同方式进行自由化沟通。多元互动的教育模式充分激发了学生的学习兴趣，为教师和学生提供了良好的教学平台，在很大程度上弥补了传统课堂教育的不足，为大学英语的教学提供了立体化的教学平台。

　　现代信息技术与大学英语教学的深度融合能使大学英语各个教学环节紧密衔接，培养方案个性化、资源推送智能化、教学活动智慧化、教学互动化、教学评价多元化和反馈即时化等一系列的智慧教学活动，能促进学生积极进行思考和探究，提高学生信息技术的应用能力，实现信息共享，提升学生英语核心素养，真正实现大学英语课堂教学的全面革新，提高大学英语教学质量，缓解学习资源和师资的紧张状况。

目 录

第一章 现代信息技术与大学英语教学 1
第一节 现代信息技术及其应用 1
第二节 基于信息技术的英语教学 4
第三节 基于在线方式的 E-Learning 8

第二章 信息技术与英语学科教学整合 11
第一节 信息技术与学科教学整合的含义和意义 11
第二节 信息技术与英语学科教学整合的内容、范畴和对象 15
第三节 信息技术与英语新课程教学整合的方法 18

第三章 现代信息技术与英语教学基础理论研究 21
第一节 现代信息技术与英语教学整合的优势及思考 21
第二节 基于现代信息技术下的大学英语互动教学研究 24
第三节 移动信息技术下大学英语写作教学的困境与对策 26
第四节 自媒体时代信息技术与大学英语 ESP 生态化教学 28

第四章 现代信息技术与英语教学课程与课堂研究 34
第一节 信息技术在大学英语课程中的运用框架构建 34
第二节 现代信息技术生态环境下大学英语课堂教学优化 36
第三节 信息技术下西部高校大学英语 EGP+ESP 课程整合 39
第四节 信息技术支持下的大学英语智慧课堂构建 43
第五节 信息技术支撑下的大学英语后续课程建设 45
第六节 信息技术环境下大学英语教学资源整合 48
第七节 基于教育信息化的英语专业核心课程改革研究 50

第五章 现代信息技术与大学英语教师教学研究 58
第一节 移动信息技术下大学英语教师专业发展研究 58
第二节 现代信息技术背景下大学英语教师教学角色建构 60

- 第三节　信息时代大学英语教师教育信息技术应用能力探究……62
- 第四节　大学英语教师信息技术能力的自主培养及教学应用……66
- 第五节　大学英语教师信息技术与课程整合能力发展研究……69

第六章　信息技术与大学英语教学的创新研究……73

- 第一节　信息技术环境下大学英语任务型教学法探究……73
- 第二节　信息技术环境下大学英语微课程构建……76
- 第三节　大学英语课中如何实践信息技术与教学的深度融合……81
- 第四节　信息技术嵌入大学英语口语课堂动态评价模式构建……83
- 第五节　基于信息化技术的大学英语听说实训体系设计研究……86

第七章　现代信息技术与英语教学模式……90

- 第一节　基于信息技术的大学英语动态分层教学模式……90
- 第二节　信息技术支撑下的大学英语课堂互动模式……92
- 第三节　信息技术环境下的英语专业笔译教学模式研究……94
- 第四节　基于现代信息技术的大学英语"多元互动"教学模式……98
- 第五节　基于现代信息技术的大学英语自主学习教学模式……100
- 第六节　网络信息技术背景下大学英语阅读教学新模式……104
- 第七节　信息技术环境下大学英语视听说混合学习模式……106
- 第八节　信息技术与多模态语境下的大学英语口语教学模式……108

第八章　现代信息技术与英语教学中学生能力的培养……112

- 第一节　基于信息技术的大学英语语言创新能力的培养……112
- 第二节　信息技术在英语教学中对学生思维能力的培养……115
- 第三节　信息技术与任务型教学中英语交际能力的培养……117
- 第四节　大学英语教师 TPACK 能力的培养……118
- 第五节　信息化条件下的大学英语自主学习动机培养……121
- 第六节　基于混合式学习的英语课程思政 TAP 教学模式研究……125
- 第七节　教育信息化背景下高校英语线上教学创新路径……129
- 第八节　需求分析视阈下的地方应用型高校大学英语学习环境建构……133

参考文献……142

第一章 现代信息技术与大学英语教学

第一节 现代信息技术及其应用

一、信息技术的内涵

信息技术是一门以计算机技术、通信技术、微电子技术为基础的新兴的高新技术行业。广义地说,信息技术是人类对数据、语言、文字、声音、图画、影像等各种信息进行采集、处理、存储、传输和检索的经验、知识、手段及工具的总和,它具有超速度、网络化、信息流、数字化、智能化和多媒体化等特点。具体地说,信息技术是指人类获取信息和处理信息的方法和手段以及人类获取信息及处理信息所采用的工具和技术设备。它分为两个部分:一是硬件技术设备,如印刷出版技术、音像视频技术、基于计算机技术的资源开发及其他综合技术等,它们是发展信息技术的物质基础。二是软件,指通过计算机等设备实施的对象、理论构想和知识体系、研究成果,如为教育教学设计的计算机辅助教学软件、计算机教学管理软件、教学设计、资源管理、资源开发利用及一系列的相关技术。

21世纪是信息传播日益国际化的时代,在学科教育中信息技术的特点主要为:

(一)技术手段的数字化

信息时代是以计算机和网络通信为基础,将文本、图形、动态的图像、动画、声音等各类信息数字化地再现、存储、传递和处理。在学科教育中,数字化就是将教学信息存入网站或刻录光盘,便于师生大量、反复应用于教学中。

(二)信息表现的多样化

多媒体技术可以使信息表现形式多样化,如通过文本、图表、影像、声音、音乐等集成来传递各种信息,使信息丰富多彩,有效地刺激学习者的视觉、听觉等感官。教学信息的多媒体化还可以使学习内容多元化、综合化和娱乐化,有利于使学生获得最佳的学习效果。

(三)信息交互的智能化

交互技术是智能化的重要表现。人机交互功能就是人与计算机等媒体中的各种信息进行交互操作，特别是实时交互操作。计算机随时提供所需要的各种信息，如学习者在学习过程中随时可以借助计算机自我评估学习效果。

（四）信息资源的网络化

随着网络的发展和信息高速公路的普及，网络所提供的人际间的信息交互服务，使得学习者在相同或不同时间、在相同或不同地点的个体之间进行动态信息交流。知识信息将按照不同学科、不同分类，在不同的地方由不同的制作者发布。在这个网络中，接收者和传播者不仅可以共享信息资源，而且可以共同补充、更新和完善信息资源。

（五）远距离传播与实时传播

相对于电话、广播、电视等通信手段，计算机技术借助卫星通信和光纤通信技术，数字化信息传播具有传输距离更长、速度更快、范围更广、可靠性更高的优点。如网络教学中，教师授课通过网络传播，学生可以在异地实时接收并进行学习。学习者还可以通过人机交互有选择地接收信息，由被动接收信息转变为主动接收信息[1]。

（六）信息技术多元化

信息技术在教育中的发展是以多媒体技术为核心，以超文本和超媒体现代化技术手段为重要标志的，多媒体技术与信息技术的结合形成多媒体信息技术。多媒体信息技术是对文本、声音、图像、动画等信息进行综合处理的技术，它包括多媒体信息的传输、压缩、转换及综合处理等。多媒体计算机技术、光纤通信及多媒体计算机网络等都是多媒体技术研制成果的应用。

二、信息应用技术

20 世纪 80 年代中期以来，互联网得到迅猛发展并获得了巨大的成功，世界上许多国家和地区纷纷加入互联网行列。1989 年，欧洲粒子物理实验室万维网（World Wide Web，简称 WWW，3W 或 Web）的出现，为全世界的互联网用户提供了一种获得信息、共享资源的革命性的全新途径，它是访问互联网的一种最容易、最流行的方式。1993 年发明的 WWW 浏览器 Mosaic 以及后来 Net Scape 公司发布的 Netscape Navigator，使互联网上的信息传播更加如虎添翼，进而推动网络教学的发展。今天，互联网已成为世界上覆盖面最广、规模最大、信息资源最丰富的计算机网络。用户只要有一台计算机、一个调制解调器（Modem）和一条电话线，然后向互联网服务提供商 ISP（Internet Services Provider）申请一个账号，便可进入互联网，共享网上其他计算机系统中的资源，相互通信和交换信息。

互联网源于英语国家，目前，网上绝大部分信息资源以英语作为载体，信息平台也多为英语界面。据统计，万维网上 82.3% 的信息是用英语表达的，熟练地掌握英语是快速获取和利用信息的前提。在信息技术与学科教育的整合中，英语教师运用网络技术有着得天

---

1 何兆熊. 新编语用学概要 [M]. 上海：上海外语教育出版社，2000.

独厚的条件，但是，尽管有可以驾驭的语言工具，如何得心应手地利用网络技术是英语教师所面临的一大问题。以下将简要介绍一些常见的信息应用技术。

（一）收发电子邮件（E-mail）

E-mail 是互联网中最快捷、最方便的一种人际交流方式，它突破了空间距离和物体媒介的限制，极大地拓展了人与人之间的联系。E-mail 是与他人联络的一个基本途径，收发者必须先将电话线与电脑连接，在电脑上安装一个 E-mail 软件，然后向邮局申请一个账号（E-mail 地址），也可以在某一个网站上申请一个免费 E-mail 地址，同时设置一个用户口令或密码。

E-mail 地址主要由三部分组成：用户名称、@ 和机器地址。用户名称是用户在申请注册时自己设定的，中国人一般都用自己姓名的汉语拼音的声母或全称作为自己的用户名，也可以在姓名后面加上自己的工作单位或出生年月；符号 @（at）是个位置标志，必须出现在每个用户名后面；机器地址是接收函件的机器地址，结尾一般是 .com（communication）或 .cn（China）。用户地址中的每一个字母或标点符号都必须拼写准确无误，否则发出的信件就会被退回。

（二）订阅电子刊物

万维网上有不少电子刊物可以免费订阅。免费发送的电子刊物只在线发表，不以纸张形式出版，并能及时到达大量和分散的读者手中。电子刊物基于万维网超媒体的特征，可以使文章有更多的背景和链接，并定位到其他的网络信息中。网络上有很多针对英语学习者的免费赠送的电子刊物，如 enjoy English 全球第一份中英双语、双码（汉语简体、繁体）免费电子杂志，每周发送。它的主要栏目有新闻英语、词汇辨析、谚语大全、英汉对照、词汇仓库、特别英语、英文教室等内容。该刊是"中国电子杂志联盟"的会员刊物之一，十分适合初中级水平的读者，还有不少值得英语教师收集语料素材、支持免费订阅的电子刊物。

（三）电子投稿和发表

互联网不仅可以提供丰富的资源，还可以为师生提供一个很好地表现自己的舞台。当今社会，英语专业印刷版刊物相对较少，作者发表的难度很大。电子投稿和发表不失为一条极好的途径，它帮助师生通过互助共享发展自我，完善自我的无限潜力。投稿前，作者首先要研究刊物的需求和潜在的读者群，了解刊物读者的兴趣和需求，定位写作的内容；其次是根据自己的写作兴趣和目的，选择相关的电子刊物，特别是要从网页或站点上了解约稿通知。约稿通知中一般包括刊物名称、读者对象、稿件类型、内容要求、稿件长度、体例格式、投稿方式、投稿地址等一些内容。了解刊物的出版形式（印刷或电子版）、出版频率（月刊、双月刊或季刊）、发行量、栏目、稿件要求和稿件录用率等信息。写的作品要经过认真修改、加工、提炼和校对。写完后一般通过 E-mail 寄出，投给国内外电子刊物。

（四）网上交流

英语学习者可以通过上网聊天来提高自己的英语水平。网上交流的硬件要求不高，与朋友互通邮件只需安装 E-mail 即可；要访问某个网站或在网上发布自己的看法，则必须安装浏览器；在网上打电话，则要求配声卡和话筒；想与对方进行声像视频实时交流，还要配上电子摄像头等多媒体设备；两人间实时讨论还需安装 TALK 或 TELL 应用软件；群体讨论则需要使用 IRC(Internet Relay chat) 特别软件。

根据互动方式，网上交流可分为个人交流和群体交流。E-mail 是开展键友（keypal）交流活动的有效途径之一。与传统笔友（penpal）不同，键友活动借助现代媒体工具，使人与人之间的交流更加经济、快捷、有效。E-mail 是理想的语言学习环境，学生之间、师生之间或教师之间的网上交流与对话不仅会加深相互间的了解和友谊，还有利于促进思想交流和对所学语言的使用。开展键友活动时，教师应当帮助学生建立 E-mail 地址，决定键友交流的对象（国外或国内，同学或不熟悉的人），了解对方的地址；帮助学生理解键友活动的意义和作用，规定活动中使用英语进行交流，决定键友交流活动的组织要求（如时间、双方交流信件的频率等），帮助学生结成互帮互学的对子；讲解 E-mail 基本用法，包括从上机到收发信件等一系列步骤和诀窍；鼓励学生养成对来信立即回复的好习惯，培养学生的合作意识和对礼貌语言的运用。

（五）多媒体课件

作为一种有效的教学辅助手段，多媒体课件是以多媒体技术为基础的计算机辅助教学方式，能高密度大容量传输教学信息。它通过直观、生动、新颖的图像、动画、声音、文本等方式刺激学生的感官，激发学生兴趣，引导学生思维，提高课堂教学效果。制作多媒体课件是英语教师的一项重要技能，目前，用于英语课件制作的软件很多，诸如 PowerPoint、Author ware、Flash 和 Director 等。

第二节　基于信息技术的英语教学

一、基于信息技术的课堂教学变革

实践表明，运用互联网进行英语教学可使教学内容化远为近、化虚为实、化静为动、化抽象为具体、化宏观为微观，使英语教学从单一的模式向直观趣味性、艺术性和立体化模式发展。信息技术带来的教育新技术的广泛应用，随之带来教学方法、教学过程、教学资料等许多变化，自然也会改进教学效果。信息技术对英语教学整合将使课堂教学模式产生很大的变革，具体表现在：

（一）教学信息源的变化

学校和教师不再是唯一的，甚至也不是最主要的信息源。随着现代传播技术、多媒体技术和网络通信技术的发展，大容量光盘百科全书、各类图文声像并茂的软件、原版 VCD 电影、电视教育节目、外语新闻节目、网上外语课程、国际互联网等开始在教育中大量应用，学生可以从更广泛的途径获得比传统课堂更丰富、比一般外语教师更地道的外语信息。

（二）信息类型的变化

信息类型变化主要包括信息载体形式的变化和信息内容组织方式的变化。信息载体形式的变化是指从文字印刷方式的课本，到电子方式的音像制品和幻灯、电影，再到数字、网络方式的教学软件和数据库等形式，这种变化改变了教学信息的表现形式和存取通达方式。信息内容组织方式的变化是指从相互独立、线形序列、标准统一的课本教材转变为具有高度集成性、交互性、个别化和智能化的教学软件，丰富多样的组织方式改变了知识获取和建构的方式。

（三）信息流向的变化

以多媒体技术和网络技术为标志的现代教育媒体技术，将教学媒体与教师（活媒体）共同构成一个学习环境，教学信息被它有机、超链接地组织成一种网状结构，信息的流向和控制是双向多边的，教师和学生同处在信息接收与发送地位。英语课堂中，教师的主要作用不再是直接提供语言信息，而是组织语言信息、创设语言情境、激发交际需求和学习兴趣，引导探究学习活动。信息流向的改变和控制的多边交互对教师提出了更高的要求，作为整个教学方案的设计者和学生活动的指导者，教师是课堂教学成功的关键。教师的教学思想、教学目的、教学方法和风格，以及教师对学生需求的了解、对电脑设备的熟悉和操作熟练程度等都会直接影响教学效果。

二、基于信息技术的教学模式

现代多媒体技术的应用将打破传统课堂模式，取而代之的是一种开放的、大信息量和充满活力的新概念，这些新技术对传统的英语教学提出了新的挑战。在信息技术和英语教学整合中应把信息技术作为认知工具，为学生营造发挥创造潜力的课堂教学环境。教学活动设计的基本出发点在于促进学生与教师之间、学生与学生之间的交流，促进学生积极投入英语学习中来，充分发挥学生的积极主动性，提高课程学习的参与度和交互性。基于信息技术的英语教学模式有以下几种：

（一）演示型教学模式

英语教学中的演示型教学是指采用多媒体的表现形式，利用 Word、Powerpoint 编写演示文稿，把教学主要内容、材料、数据、范例等显示在屏幕上，以辅助教师的讲解，是一种较为基本的教学方式。演示型教学在课堂上需要一台电脑，配合投影仪和话筒，教师根据教学目的选用一些现成的多媒体教学软件，或自己动手制作多媒体课件，通过超级链接功能把声音、图表、剪贴画或其他相关文件插入或链接到演示文稿中。课件演示手段集视、听、说为一体，教学过程显得生动活泼，有利于突破教材的重点和难点，优化教学过程，创设情境，激发学生的情趣，充分调动学生的学习热情，提高教学效率。例如，在教 SEFC 第一册第 26 单元（An interesting Life）时，可从 http://www.bobgeldof.com/ 网站搜索一些关于流行歌手 Bob Geldof 的资料，如 Bob 的代表作（Do They Know it is Christmas）、Bob 本人的照片和一些饥饿不堪的非洲人的图片，以及一些反映 Bob 为非洲贫民义演的画面，编成一组"幻灯片"，同时配上录音。在课堂上展示这些资料，增强感性认识，并让学生就这些材料在课堂上进行讨论，突出课文主题教学，有利于学生感知、想象和理解教学内容。

决定是否采用课件的依据是：课件的教学目标是否与课堂教学目标相一致；学生知识水平是否达到课件所需要的程度；课件能否有助于提高教学效率；课件能否引起学生的兴趣和参与热情；课件是否具有较好的交互性能和超文本链接功能。

教师应把媒体由讲解演示的工具转变为学生认知的工具，避免把信息技术仅仅作为一种播放展示知识内容的工具，但是，我们经常发现不少课件存在一些缺陷。有的课件过分追求多媒体的音响效果，在课件中插入鼓掌声、怪声音或过多的音乐，这不仅不能增强教学效果，反而会妨碍学生思考，干扰课堂教学。有的课件追求华丽的界面，采用比较亮丽、鲜艳的色彩或与教学内容无关的画面，这不仅会冲淡主题，而且会分散学生的注意力。也有的课件重演示现象、说明问题、传授知识，轻揭示过程、培养能力。还有的课件以教为主的教学设计多，以学为主的教学设计少。演示的课件应当体现有效性、适当性和效率性。教学中要注意不过度使用投影仪，屏幕投影的时间最好控制在一半课时，压缩教师的讲述，把时间留给学生，增加学生与教师、学生与学生的互动交流，千万不能把课堂教学从传统的"一言谈"转变为现代教学技术伪装下的"屏幕谈"。

（二）网络辅助教学模式

以计算机为基础的现代信息技术不仅是教师演示的工具，还将逐渐成为学生获取信息、研究问题、培养能力、增长知识的辅助手段。网络辅助教学模式是指学生在教师的组织和指导下，借助网络计算机进行集中学习的一种教学方式。它利用多媒体技术的交互性特征，使人机之间进行直接的双向交流，促进学生积极、主动进行探讨式或发现式学习，使他们通过自己的思考及在网上寻找信息、寻求答案，提高他们的思维能力和创造能力。

网络辅助教学模式是伴随着多媒体计算机语言实验室而出现的，它可以分为局域网教学模式和广域网（互联网）两种形式。目前很多学校都建成了校园宽带网，为在互联网上学习或下载、开展交互性教学提供了很大的便利，并应用于多种语言技能的训练。在听力教学中，教师先从网上下载一个播放器（Real Player），利用播放器进行网上实时与即时电视广播的收听与收视。Real Player 8.0 的界面上标有多个新闻媒体和娱乐公司的链接频道，只要用鼠标双击这些频道图标，计算机就会自动链接这些频道并在播放器的右边显示屏幕中播放的声音和画面。引导学生上网进行听力训练有助于接触大量地道的语言材料，选择加工 Real Player 中的听力材料是辅助听力教学的有效手段。

网络交互式教学在阅读教学中有广阔的用武之地。互联网的资源非常丰富，教师可以为学生提供学习网站的网址，让他们在互联网上浏览阅读，这种方法比较适合于课外的阅读练习，以扩大阅读量，提高阅读能力。但是，学生英语词汇量毕竟有限，识辨能力不强，如果把他们扔到浩瀚的网络海洋中让他们自己汲取知识，学生进入阅读网页后可能面对屏幕会不知所措，不知道该读哪些文章，难免浪费时间，达不到阅读的目的。因此，网络辅助阅读教学时，教师应根据教学目的以及学生的实际情况，选择阅读文本，制作网页，将互联网缩小化，让学生在教师设计的局域网上进行阅读。

Fast Reading 是在 Reading 的基础上拓宽知识，掌握快速阅读的技巧。如通过 Reading 活动环节让学生了解 endangered animals 现状与根源，并明确解决问题的方法，对这个主题有一个完整的认知体系，设计时可以在屏幕上以预设的速度逐行滚动文本的方式对学生进行控时快速阅读。

通过 E-mail 进行网络交互答疑也是网络辅助教学的手段之一。E-mail 可以将教师与学生、学生与学生紧密联系起来，实现师生和生生的互动。在网络教学系统中安装电子信箱，让学生利用 E-mail 形式提交作业或向教师提出问题。如果学生在课堂学习中或在课后复习时有什么问题，可以随时点亮网上"答疑按钮"，屏幕开出一个 E-mail 窗口，学生可通过该窗口将问题用 E-mail 方式寄给教师，教师随时解答出现的问题，也可布置作业和发布信息等。如果学生提出的问题有普遍性，可以将问题放到网上的教学系统中，供所有学生参考。如果问题只针对某个学生，则可以直接将答案以 E-mail 形式寄给学生，学生也可以以 E-mail 形式在网上进行探究和讨论，网络辅助教学有助于开展协同学习与合作学习。

（三）虚拟现实教学模式

虚拟现实（Virtual Reality）是指利用多媒体技术仿真模拟或再现一些现实中不存在的情景或难以在课堂上实际体验的事物，使学习者身临其境，易于集中学习者的注意力，增强教学效果。

将现实情景借助计算机技术处理后在课堂上播出，通过虚拟现实情景组织课堂教学，这种方式可以使学生在 cyberspace 的语言环境中，在与计算机交互过程中完成某一项特定学习任务。虚拟现实技术超越了时间和空间、静止和运动、语言和形象的障碍，能模拟现实情况下难以实现和完成的任务，变静态为动态、变抽象为形象，这种直观新颖的知识表达技术是常规教学手段无法比拟的。例如，在视听媒体的辅助下，设计虚拟学习者在国外生活或学习的情景（如在商场购物、在飞机场迎接客人、在医院看病、在街上乘坐公共汽车等），要求学生与不同的外国人进行对话，进行虚拟情景训练。这种训练方式利用了计算机的优势，临场感强，对提高学生对环境、学习内容的适应能力具有很重要的促进作用，尤其适合于口语教学。

虚拟现实是多媒体模拟技术发展的方向。制作虚拟现实并不复杂，只要拥有一部数码相机，利用 Real Producer 从 http：//www.real.com/ 下载制作软件，就可以模拟虚拟现实的情景。多媒体语言实验室一般都具备这种创设学习、训练环境的能力。

第三节 基于在线方式的 E-Learning

一、E-Learning 的背景与内涵

1997 年 10 月，美国 CISCO（思科）公司运用 E-Learning "电子学习"理念，启动了以 CISCO 网络技术学院为载体的互联网人才培训计划，旨在提高企业员工素质，以适应经济快速增长的需求。不到四年，CISCO 网络技术学院从最初的 64 家被迅速克隆增长到 7000 家，目前已经有 60% 的美国企业以 E-Learning 的形式培训员工，据美国培训与发展企业预测，到 2010 年，雇员人数超过 500 人的公司，90% 都将采用 E-Learning 进行培训。

E-Learning 是在互联网基础上进行学习的过程，所以又称为在线学习或网络学习，它由三个要素组成：多媒体格式表现的内容，学习过程的管理环境以及学习者、内容开发者和专家组成的网络化社区。基于在线方式的 E-Learning 必须借助互联网技术、设计学习内容和管理服务三方面进行全方位支持。这种学习方式依托互联网多媒体技术平台，借助网络学习资源、网上学习社区及网络学习环境，汇集大量的数据、档案资料、程序、教学软件、兴趣讨论组等学习资源，形成了高度集成的资源库，通过网络把学习资源传送到学习者面前，使他们可以随时随地进行学习。

E-Learning 之所以能在短时间内快速发展，是因为它有以下得天独厚的优势：

（1）E-Learning 是一种最具开放性的学习方式，它消除了时间和空间的障碍、拓展了学习的时空，在任何时间、任何地点为任何人提供学习机会。E-Learning 打破了教与学在时间和空间上的不可分割性，它可以走出课堂，不受铃声和作息的限制。因此，E-Learning 不仅适合于在校学生的课内外学习，同时也适合于在职学习者的终身学习。

（2）E-Learning 降低了学习成本，大大节省了学习者在各方面的开支。研究显示，相对于面对面讲授或培训来说，E-Learning 会节省 70% 左右的费用。

（3）E-Learning 引领学习时尚，有利于学习者及时获取最新的信息。有过这方面学习经验的人都一致认为，E-Learning 总能在第一时间把最新的知识，以及内容活泼、富有趣味性的信息传递给学习者。而且，由于有名师或名家参与设计的学习目标和学习内容、专业人员的导航，学习者可以获取更多知识和技能，大大提高了学习效率。

（4）E-Learning 是个性化学习，它有利于培养学习者自主学习的意识，提高学习者之间的协作和交互能力。以在线方式为主要特征的 E-Learning 不仅是经济模式变化和信息传递方式变化的结果，同时也是信息获取方式变化、学习方式转变的结果。

基于上述认识，有人把 E-Learning 的优势简要地归纳为四个 R：
- Reach——E-Learning 能够吸引广泛的学习者；
- Reduce——E-Learning 能够降低学习费用；
- Retain——E-Learning 能够使学习者的大脑保持大量的知识和信息；
- Result——E-Learning 能够直接推动学习者自主发展，转变学生的学习方式。

二、E-Learning 的实施

（一）自主学习

E-Learning 为学生提供了一个广阔的学习空间和崭新的学习手段，每个人都处在同一个信息网络之中，知识的传播、扩散、交流、共享和增值在信息网络中可以得到实现，学生不仅从中获得知识，而且增加了学习的乐趣和效率。学生也可以利用 E-Learning 手段，根据自己的需要来选择学校、教师、课程和学习方式，根据自己的知识基础和特点自由地选择合适的学习资源。按照适合自己的方式进行学习，学生可以得到比课本更丰富、更新鲜的知识和信息。信息技术应用于学习中，把学生单一接受知识的途径改变为多元化方式，为培养学生创造性思维和进行创新教育提供了良好技术保障。多样性和灵活性的学习形式有利于激发学习者学习的主动性，使他们的学习方式发生变化。从学习者的自主学习方式来看，可以分成两个方面：一是学习者把 E-Learning 作为自己课堂学习的补充或辅助；二是学习者以在线方式注册报名学习某种网络课程。

E-Learning 为学习风格的个性化提供了更大的空间，为学习者自主学习创造了前所未有的条件，赋予他们选择学习内容和形式的主动权，因而备受教师和学生的欢迎。目前，越来越多的学生运用电子手段、电子教材或通过网络上的 E-Learning 系统来学习词汇、语法，或训练听、说、读、写等语言技能。

在线方式的网络学习是在校学生系统学习英语课程或在职教师提高学历和业务水平的有效途径。学习者可以通过正式注册进入网络课程教学系统的"教学"区，经过登录、身份确认，获得完全个性化的学习环境，即拥有个人的信箱、笔记本、课程表、指导教师、讨论组、公告栏等，在网上查阅信息、听讲课程、完成作业练习或进行考试，整个学习过程都在网上进行，既方便又实用。学习者可以知道自己的学习效果和进度，还可以与教师、同学进行交流，不上课的时候还可以在网上温习课程内容，或者做一些互动式练习。

学习者只要进入 E-Learning 系统，就很容易找到合适的网站、相关网页和所学课程，网页上不仅有学期设置、课程安排、学习重点，还有相关搜索链接，用来选择学习的内容。在 E-Learning 系统中，学习者可以按照自己的日程表有效地安排学习时间，根据自己的实际水平安排学习进度，选择学习内容的难易长度，制订复习计划，也可以从局域网内容跳到广域网内容，即使是初学者，也可以根据自己的情况安排学习进度，而不会感到丝毫压力。有的网页除了提供在线的文本内容外，还辅以音频、视频和动画等形式，以生动地表现文本内容。在有的网页所提供的课程章节中，除了有学习目标、术语表和小测验外，还在每节下面设置了相关内容的超链接，学习者很容易找到更多的内容，有利于进一步学习。

（二）合作学习

合作学习是指师生、生生之间的合作与互动，体现了学生的主体性和教师的主导性。在 E-Learning 模式中，学习的主体性表现为学习的积极性和主动性；教师的主导性表现为正确引导和启发学生进行学习。在 E-Learning 环境下，教师要培养学生获取知识的能力，向学生推荐更方便快捷获取信息的 E-Learning 途径，教他们"怎样学"，具体地说，就是教学生如何查询和获取所需的信息和知识，如何处理、分配和使用信息，因此师生之间的合作与互动显得特别重要。师生关系是民主型合作者，互相进行思想交流、信息沟通和情感联络，成为共同学习探究、共同提高的合作伙伴。

教师可以利用局域网和广域网，设计和指导学生开展 E-Learning 活动，传授学生在网上操作 E-Learning 的技能，如收发邮件、选择学习内容、求教各种学习问题等，帮助他们熟悉 E-Learning 的各个环节。教师还可以在线辅导答疑，批阅作业或试卷，监控学生的学习并及时给予反馈。师生之间、同学之间可以在网上交互讨论，发表意见和观点。鼓励学生迅速、如实地把学习的情况反馈给教师，有不明白的地方，还可以在网上与教师和其他同学进行即时讨论。每上完一个章节，应安排学生做个小测验，然后根据学生的答题情况及时给予评估，或调整课程进度和学习内容，并针对知识难点或要点做进一步详细的讲解和强化练习。研究表明，基于在线方式的 E-Learning 能够利用信息技术实现多种互动和协作环境，学习效果比传统课堂的互动效果要好得多。

（三）资源共享

E-Learning 系统体现了开放、平等、交流与共享的原则。学习者在 E-Learning 中不仅是简单地从网上获得知识或单向地享用 E-Learning 系统中的知识和信息，还可以对各种信息进行加工、处理、修改和重新组合，或发表自己的看法，或把最好最新的知识资源添加到网络资源库中，促进信息的共享和增值，加快知识更新和知识转化的速度。由此可见，E-Learning 系统是在网络上建立交流的学习平台，学习者可以在这个平台上交流与共享知识，从中获取更多的信息。

第二章 信息技术与英语学科教学整合

教学活动既是事实的存在，又是价值的存在，它有艺术的一面，也有科学和技术的一面，方法的技术化和艺术化是学科课程教学方法体系运作的本质属性。随着技术对教育的作用和地位的不断提高，信息技术与课程教学的整合既是英语学科课程教学实践的应然，也是必然，两者的整合是教与学双边的需要。本章的讨论涉及两者整合的意义、内容、范畴和方法。

第一节 信息技术与学科教学整合的含义和意义

一、信息技术与学科教学整合的含义

信息技术与学科教学整合，亦称信息技术与课程整合，它是在计算机在社会各个领域及家庭、私人生活中普及的大背景下出现的教育新课题，它与传统的"电化教育"有渊源，但在教育领域的作用远非后者那么简单。

徐晓东先生在考察"信息技术与课程整合"这个概念时认为，该概念来源于课程整合的概念。"整合"一词，来源于英语的"integrate"，意为"结合（with）；使并入（into）；使一体化，使其成为一体"。课程整合（Curriculum Integration）意味着对课程设置、各课程教育教学的目标、教学设计、评价等诸要素做系统的考虑与操作。也就是说，要用整体、联系、辩证的观点认识和研究教育过程中各种教育因素之间的关系。通俗地说，所谓"课程整合"就是要综合考虑某专业学科教学内各门课程之间的有机联系，从而优化该专业学科教学的课程结构。

对信息技术与课程整合，刘茂森先生曾下过这样的定义："所谓信息技术与课程整合是指信息技术教育课程的目的、任务与学科课程教学的目的、任务整合在同一教学过程中。"这里刘茂森明确地界定了信息技术与课程整合是信息技术课程与学科课程的整合，即课程的综合化，也就是"信息技术课程"与其他学科专业课程的整合。简言之，这是一种"课—课"之间的整合。

很显然，本节中讨论的"信息技术"不是"信息技术课程"，"信息技术与学科教学整合"，

也非"课—课"之间的整合，而是某项技术与某学科教学的整合。如果把学科教学具体化，就意味着信息技术与该学科的所有课程、整个教学过程、所有教学活动的整合，并且涵盖该学科自身的"课—课"之间的整合。

"课—课"整合是基于单个课程。信息技术与学科教学整合则是包含所有课程，但又非某学科各门课程的简单相加，因为这种整合至少可以包括以下四个方面的含义：①信息技术与课堂教学的整合。这方面的整合结果包括CAI、Web-based CAI、CMI、校内闭路电视、卫星传输教学节目、电影、幻灯等利用信息媒体展示教学信息而开展教学的模式。②信息技术与学习活动的整合。这方面的整合结果包括CAL、CSCL、利用计算机网络开展的讨论，在线会议，利用视频会议开展网上讨论学习、在线答疑、E-mail、Blog、BBS等模式。与①不同的是，该方面的整合体现了信息技术不仅是作为展示教学信息和抽象知识的载体，它更多的是作为教与学的互动，是学生之间的交流与沟通的工具的特点。③基于信息技术的课堂教学与基于信息技术的学习活动的整合。该方面的整合以①、②为基础，以建构主义课程观为指导，形成"以学生为主体"的学科教学模式。④信息技术与教学资源的整合。该方面的整合比较容易理解，就是教学资源（教材、学材、教参、学参）的信息化和数字化。

二、信息技术与学科教学整合的历程

考察一下信息技术被引入教育领域的历程，就可以看出上述的含义分析是有依据的。信息技术对学科教学最初的影响主要表现在硬件条件上，然后逐步开始影响师生的教学行为习惯、教学理念、课程价值取向等。它遵循"由表及里""由具体到抽象""由显功能到隐功能"的发展过程。国内有学者就按照信息技术对课程影响的层面不同而把信息技术与学科教学的整合过程划分为四个阶段：工具阶段、教学方式阶段、课程研制阶段和课程重构阶段。

第一阶段以20世纪50年代末信息技术进入教育领域的发轫为标志。当时，美国IBM公司的三位研究人员在IBM650型计算机上连接一台打印机作为教学终端，教小学生二进制算术，此后，把信息技术应用于教学的尝试就没有停止过。动画在教学中的应用、用幻灯片展示教学内容或者创设教学情境、使用统计软件处理实验数据或学生成绩、使用Blog辅助形成评价、通过网络论坛（BBS）补充传统课堂师生互动等，都是信息技术作为工具在教学中的应用。在该阶段，信息技术对课程的影响是非系统性的，而且良莠不齐，有的达到了促进、提高教学效果的目的，有的非但目的没有达到，而且费时费力。信息技术主要是作为一种纯粹的辅助工具而被应用于学科教学的。

随着硬、软件技术的发展及人们对信息技术的应用积累，信息技术对学科教学的影响也在逐步加深。在某些教学领域，出现了与信息技术应用相配套的教学软件和硬件，或者两者相结合的商品化教学产品，如国内的科利华公司开发的"家庭教师"、金洪恩公司开发的"环境英语"、东方正龙公司的网络多媒体语言学习系统等。此为第二阶段。在该阶段，信息技术在教学中的应用逐步走向系统化，而且开始形成一种有别于传统的教学方式。在这种方式中，信息技术成为不可或缺的硬、软件条件，教学活动在数字化的环境中进行。虽然大多数情况下，该方式需要与传统的教和学相结合来完成教学任务，但在某些教学领域，它几乎颠覆了传统教学模式，成为现代教学的主流方式。

进入第三阶段后，传统课程的"大纲＋教科书＋教参"的形态及传统教学条件基础上的教学理念逐渐显示出一种"捉襟见肘"式的窘态，于是，人们开始尝试设计新课程。如在教学资源建设中，把承载课程的媒体与课程实施的外部资源条件都进行了数字化；在教学实施过程中，人们也开始逐渐摒弃或重塑传统的教学理念，以期与信息技术基础上的新型教学方式相适应。这些变化必然导致以信息技术为基础研制课程的产生。

在该阶段中的课程，信息技术与学科教学的整合不仅表现在其承载媒体是信息技术，而且表现在其教学方式、教学理念等都是信息技术"化"的，只是课程的价值取向及其与之配套的课程目标均没有显露出明显的变化。

到了第四阶段，由于信息技术在社会生活领域的全面渗透，明显地造成了社会文化的变迁，从而诞生出一种文化——信息文化。在这样的文化背景中，教学活动中的信息技术也超越了技术层面，被赋予新的意义，被信息技术所整合的课程价值取向也随之发生了重大转折。传统的课程与工业社会相适应，它以知识传授为主要目的，是一种前喻文化背景下的课程；新型课程则与信息社会相适应，以素养和能力培养为主要目的，是一种并喻—后喻文化背景下的课程。课程价值取向的变化以及前三个阶段所积累的在物质载体、教学方式及相应的教学理念上的变化，使得传统课程被信息技术逐步全面解构，从而在新的文化背景下得到重构。

三、学科教学意义上的"信息技术"及主要类别

信息技术是指人类对数据、语言、文字、声音、图画和影像等各种信息进行采集、处理、存储、传输和检索的经验、知识及其手段、工具的总和。但在学科教学意义上，"信息技术"一词通常被狭义地用来指称计算机的应用，包括应用技术或技巧，甚至可以通俗地称之为"计算机的操作"。"信息技术"一词一般不涵盖那些比较专业和尖端的信息技术，即信息的实现、包装和传递技术，如二进制编码、如何用数字信号读取和存储图像、音频视频流的采集和编辑、信息加密、模拟信号与数字信号、电话线与光缆、信号衰减与放大，等等功能。

因此，就学科教学而言，我们可以简单地把信息技术归结为计算机的应用技巧或操作技巧。信息技术与学科教学的整合，从通俗的实践意义上来说，其含义就是如何把已有的计算机技术应用到教学中以达成各种教育目的的做法。

于是，在学科教学意义上，我们把信息技术分为以下三大类：①各类应用软件，如Powerpoint、Word、Excel、Flash、Photoshop、Dreamweaver等。②数字信息资源，如网上资源、光盘资源等。③各种教学互动平台，如主页、E-mail、BBBS、QQ、Blog等。

四、信息技术与学科教学整合的意义

基于上面的描述，我们认为，完全意义上的信息技术与学科教学的整合都应涵盖这三类技术，与此相应的，其整合也具有三大意义。

第一类整合的意义是工具意义，即人们可以利用某种工具来大大提高效率。这种意义，对英语学科教学和对其他学科教学而言，都同样存在，该类意义在信息技术与所有学科的整合中普遍具备。例如，Powerpoint 的使用可以美化教学界面、Excel 的使用可以提高班级成绩管理效率。再比如，多媒体的运用使原来的教学平台变得丰富多彩；教学演示软件使原来许多无法演示的教学内容都可以展现给学生；某些板书时间可以通过预先准备的PPT 而得到节省，使得课堂时间得到更充分的利用，等等。

第二类整合的意义是资源意义，即人们可利用和分享的资源大大超越个体人脑和传统纸质媒体所承载的量。这类意义，对英语学科教学和其他学科教学而言，性质上也是一样的，但具体表现上，英语学科却有着自己的特殊性。例如，各个学科教学都可以做到教案共享、题库共享、教材共享，这就是这类整合针对不同学科所呈现的一致性。

但英语学科教学本身的特殊性却意味着任何以英语为载体的材料都可以用作教学资源。比如，互联网上，只要有英语文字出现的网页，不管其内容属于哪个学科，都可以作为英语教学资源。这种特殊性，不同于其他学科之间的那种差异，如数学学科与法律学科，如果两者的学科材料可以共享，就意味着跨学科的现象发生了，比如"犯罪统计"，就跨了数理统计与法学两个学科。但某个有关法律的英语文本，用作英语学科教材时，并不产生通常意义上的跨学科现象。

这一特殊性，也是信息技术与英语学科进行整合时必须要考虑的，在一些涉及特殊用途英语教学（English for Special Purpose）的活动中，这一点显得尤其重要。有必要指出的是，这类整合大大提高了学生开展自主学习、探究型学习的便捷性。因为如果没有计算机、没有互联网，学生开展此类活动只能依赖于图书馆、社会调查、教师指导等传统方式。从这里也可以看出某种技术或工具不仅仅具有工具意义。

第三类整合的意义比较复杂，因为它不仅整合了第一、二类意义，还补充或扩展了传统的教学平台，更是搭建了一种前所未有的、具有革命性的教学平台。在学科教学中，它因此就具有一定的课程论上的意义，甚至是教育哲学上的意义，我们称之为平台意义。所谓平台意义即整合第一、二类意义，其表现是：在所有这些平台（主页、E-mail、BBBS、QQ、Blog 等）中，都会有计算机的第一、二类应用，平台意义与前两类意义的关系不是简单的包含与被包含的关系，而是整合与被整合的关系。

计算机应用对传统教学平台的补充或扩展则表现在：在传统教学中，主要的师生互动必须是实时实地同步的。虽然传统课外作业的布置与完成、修改、反馈可以在时空上不实时不同步，但这种互动方式在教学中并不能成为主流。传统函授类教学（仅指通过通信来进行的教学）对这一点进行了突破，但其效率、规模和可操作性都受到相当的限制，只能作为传统教学模式的补充。

但计算机技术的应用，使得大量新型的教学平台涌现出来，并能有机地融入到传统教学平台中。例如教学 Blog，可以把教师与学生以前的互动成果记录在案，给学生进行反思或复习，或者给后来的学生进行观摩；QQ 可以远程（非实地但实时）地进行教学互动。这就是信息技术与学科教学进行整合的平台意义。

应该注意到的是，该意义颇为复杂。比如，QQ、E-mail 之类的互动，不仅突破了传统教学平台的实时实地性，而且赋予师生互动的强烈的私人化意味。这就可以使传统教学平台中师生互动的"一对多"模式变成"一对一"模式。这两种模式对学生、教师本人及教学效果等的影响，还有待于长期、深入的观察和研究。

所以，平台意义是带有革命性的，具有教育哲学或课程论上的意义。因为它突破了传统的"课内—课外""书本—作业本""教师—学生""讲课—听课"等教学模式。

第二节　信息技术与英语学科教学整合的内容、范畴和对象

一、内容与范畴

这里所谓的内容和范畴，是指当把"信息技术与学科教学整合"本身看作一门学问时，其研究的内容和范围应该是什么。根据第一节的讨论，我们认为，应该从理论、开发、操作和制度这四个层面来对信息技术与学科教学整合进行探索和研究。

在理论层面，我们应该把所有与信息技术在学科教学中的应用相关的理论都纳入视野。比如建构主义理论，作为新一轮课程改革的理论基础，它对新的教学理念、教学模式、教学方法及教学组织形式的形成，必然会产生深刻的影响。于是，我们的研究内容就可以包括建构主义学习理论背景下的教学设计理念、信息技术支持下的教学策略和教学结构、整合了信息技术的学科教学环境中教师的地位和作用、整合了信息技术的学习环境中学习者的角色和学习策略，等等不同影响。

在上一节中，我们指出，在学科教学的意义上，"信息技术"一般不涵盖那些硬件色彩较浓的信息技术，即信息的实现、包装和传递技术，如用几进制编码、如何用数字信号读取和存储图像、音频视频流的采集和编辑、信息加密、模拟信号与数字信号、电话线与光缆、信号衰减与放大，等等。虽然在编程中，有些技术确实与信息技术与学科教学整合有关，但对广大非信息技术专业学科的教学、科研、管理人员而言，我们认为，这些理论不应纳入研究范围。这一点正如广大的计算机用户，他们不需要明白计算机的原理，但照样可以使用它；或者一个文盲也不需要对自己所用的语言进行语法分析但不影响交际一样。

可以看见，在该层面从事研究的人员大多是专家学者。

在开发层面，其内容是指在有关理论指导下，研究如何利用信息技术达到各种教学目的。例如，如何依据建构主义学习理论和信息技术创设有利于学生探究发现并建构知识的学习情境，如何将信息技术与其他学科相联系以组织形成一个新的、完整统一的知识体系，如何利用或架设各种"互动—展示"平台开展活动课程或进行评估，等等。在该层面从事研究的，除了教学人员，也有一大部分是来自非教学领域的，如企业中的硬件、软件技术人员。

在操作层面，其内容相对单纯，它指的就是信息技术的应用技巧。比如，各类应用软件的使用技巧、课件制作技巧、如何对互联网上的教学资源进行分析或利用或再开发等。该层面的研究力量主体应该是教学一线人员。

在制度层面，研究内容则是探讨如何提高教育从业人员与学习者的信息素养、如何促进并评价教学一线人员在信息技术与学科教学整合的努力及成效、如何从制度上支持信息技术与学科教学的整合，如信息技术培训与考核模式、信息技术应用的奖惩制度等。该层面的研究者主体应该是教学管理或决策人员。

应该指出的是，这四个层面的划分仅仅是理论上的，在实际研究中，不同层面的内容是可以互相渗透或交织的。一些信息化教学平台的设计就同时涵盖四个层面的内容：该教学平台的设计理念，即理论层面；软硬件设计与生产，即开发层面；使用方法与技巧，即操作层面；管理，即制度层面。

上述内容对所有学科教学而言，原则上都是适用的。但对某具体学科来说，自然还必须包括那些具有学科特点的内容。例如，对信息技术与英语学科教学整合来说，在理论层面，诸如普通语言学、语言哲学、语用学、语言习得理论、认知语言学、心理语言学、课程学、教学论等内容都可以包括在内；在开发层面，那些针对语言技能学习的教学平台和开发自然要归入研究内容；在操作层面，与语言学习高度相关或本身就是针对语言学习开发的应用软件的使用技巧，都是其研究内容。

二、对象

信息技术与学科教学整合的对象是指那些可以被整合进学科教学的信息技术。从本章第一节的描述和分析来看，信息技术与英语学科教学整合的对象也可以根据这三类分成工具性整合、资源性整合和平台性整合。这就意味着整合的对象应该是各种有工具意义的应用软件、各种有资源意义的以英文为载体的图文或多媒体材料、各种有平台意义的互动软件。下面分类述之。

（一）工具性整合的对象

工具性整合相对单纯，任何只要具有工具意义的应用软件，都可以纳入整合的视野。根据教学不同环节的需要，工具性整合的对象可以归为以下三大类：①教学准备型软件。这类软件可以帮助教师在教学准备阶段准备提供给学生多媒体材料，如 Word、Powerpoint、Flash、Photo Editor、Dreamweaver、CD Wave Editor、Ulead Video Studio 等。②教学演示型软件。它与第一类有重叠，但相对单纯，因为一般的制作软件都有演示功能，而且用不同软件制作的成果可以用单一的软件进行演示。③教学评价与管理软件，如各种统计软件、电子表格、考试系统、出卷系统等。

（二）资源性整合的对象

资源性整合的对象应着眼于当前已经普及的互联网技术和多媒体技术，把所有与本学科相关的资源都纳入学科教学的整合范围。例如，针对英语学科教学，其资源随着信息技术的引入有了革命性的改观。任何以英文为载体的材料，不管其内容是属于什么学科的，都可以作为教学资源，而且这些教学资源的地道性（输入刺激）也是前所未有的。除了文本型资源，那些有 Native Speaker 发声的音频型资源，更是使得学生在听说方面有异于他们的前辈。即使英语师资力量相对薄弱的地区（教师语言基本功相对较弱的地区），如果有这样的资源并得到合理、充分的运用和开发，学生的语言能力也可以不再受制于有限的师资水平，比如发音上就可以提高很多。

资源整合包括资源共享，此类做法早已成为广大英语学科教师的实际行动，本节不再赘述。在英语学科教学中，资源整合根据本学科特点及在教学中的使用主体和目的不同，本节中把它们分为以下三类：①素材。所有以英语为载体的文本或音视频材料，都可以被教师采用充作教材或被学生采用充作学材。②辅材。为素材提供支持的材料，不一定以英文为载体。比如，背景知识、教学参考书、他人的教案、他人的笔记等。③实材。各类真实语料。这一类资源虽然与素材密切相关，但其实有着本质的区别，它指的是学习者在课堂之外所接触的所有真实语料。他们在使用这些语料的时候，不仅是在学习语言（载体），在接受目的语的输入，而且学习这些载体所负载的内容（被载物）。这一点，我们可以理解为：形式上是英语学科教学，但内容上是涵盖所有学科的。ESP 实践与这类整合的相关度尤其高。

需要指出的是，同一材料会因其使用目的的不同而被划归到不同的类别。比如，某篇作为背景知识使用的文本也可以作为素材来使用，还可以作为语言输入源来使用——原版电影等多媒体材料一般都具有这种特点。

（三）平台性整合的对象

平台性整合的对象是那些能够模拟、扩充、革新传统教学平台的软件或技术。根据教学实践，可以分为以下几类：

第一类是现成的计算机教学平台，比如各个学校电脑机房所安装的各类教学系统。它们与英语学科教学的整合一般都带有官方色彩，具有制度化的特点。某些教学活动如果缺少这样的平台，就无法正常开展了。

第二类是现成的基于互联网的各类人际互动平台，如 QQ、MSN、Blog、E-mail、BBS 等。

这类平台的开发本意并非针对教学的，但完全可以被整合进学科教学。这类整合比较具有民间色彩，整合的程度和方式一般都由教师和学生自主决定。

第三类是基于某个或某些教学目的而开发的专门性平台。它可以是官方的，也可以是民间个人的。它要求整合者既要熟悉英语学科教学，又要有软件开发或平台设计的素养，对一般英语教学一线人员来说，这是比较困难的。

第三节　信息技术与英语新课程教学整合的方法

一、新课程背景下信息技术与学科教学整合

目前新一轮基础教育课程改革（俗称"新课改"）在我国已经全面铺开，这是教育在改革开放四十年来社会发生重大转型的背景下一种顺应时代潮流的必然选择。所谓新课程的一个重要理念或前提是高中教育在我国已经基本普及，高中教育的功能也随之发生了变化：从只面向少数人的精英主义教育，转变为面向全体学生的大众教育，高中教育的目的和任务不再是只为大学输送合格新生。当高中毕业生可能继续升学，也可能直接走向社会时，高中教育就应当转变为培养学生的人生规划能力、职业意识和创业精神，这些正是新课改所十分强调的。

根据教育部基础教育课程改革纲要，新课改主要有六大"改变"：①课程目标方面，反对过于注重知识传授，强调知识与技能、过程与方法、情感态度与价值观"三维"目标的达成。比如学化学，过去只是明确地告诉你什么加什么会产生怎样的反应，现在我们往往不告诉学生结果，而是让学生自己去做实验，在实验过程中学习、理解和记忆，体验过程，培养能力，形成正确的思维方式和价值观。②课程结构方面，强调不同功能和价值的课程要有一个比较均衡、合理的结构，符合未来社会对人才素质的要求和学生的身心发展规律。突出的是技术、艺术、体育与健康、综合实践活动类的课程得到强化，同时强调课程的综合性和选择性。③课程内容方面，强调改变"繁、难、偏、旧"的教学内容，让学生更多地学习与生活、科技相联系的"活"的知识。④课程实施方面，强调变"要学生学"为"学生要学"，要激发学生的学习兴趣，让学生主动参与、乐于探究、勤于动手、学会合作。⑤课程评价方面，以前的评价过于强调甄别与选拔，现在强调评价是为了改进教学、促进学生发展。比如，有的学生基础较差但很用功，只考了58分，没及格，教师可以给他60分甚至65分，以促使他更有信心地学习。⑥课程管理方面，以前基本上是国家课程、教材一统天下，现在强调国家、地方、学校三级管理，充分调动地方和学校的积极性，也增强教育的针对性。

与此相配套的具体教学活动形式方面，将以"自主选课""走班制""通用技术""综

合实践活动""学生成长记录和综合素质评价"等作为新课改的主要内容。

在这样的形势下,我们认为,信息技术势必成为新课改的宠儿,甚至可以说它是新课改的有机组成部分。然而,目前一线教师中的相当一部分仍然把信息技术视为一种"助教",也就是只在工具性整合和资源性整合上下了功夫,在平台性整合方面所做的努力比较少。虽然这种现象与广大英语学科教师总体掌握信息技术的水平有关,但我们认为更深刻的有两大因素:①广大教育从业人员还没真正吃透新课程的理念;②目前的学生、教师、教育管理者、学校的评估机制不支持这类整合。前一个因素的消除相对简单,后一个因素就相当复杂,它涉及教育领域内外的各个层面和利益关系,是一个系统工程。本节所讨论的重点是前一个因素,对后者不宜展开。

二、信息技术与英语新课程的整合

在第一节中我们已经提到,信息技术与课程整合的高级阶段就是在课程重构层面进行的,是要创造一种全新的信息化课程文化。而新课程的改革和实施恰恰也是在营造一种新的教学文化。这是同一个事物,只是从不同的侧重点来进行表述的,但其价值取向是趋同的,都是把学生作为学习过程的主体而非客体。这两者的结合,即信息技术与英语新课程整合,实质上就是一种课程发展(Curriculum Development)性质的整合。

课程发展就是进行课程规划,并把课程设计投入教育活动中实施并评价、反馈和修改完善的过程,包括课程规划或设计(Planning Design)、课程实施(Implementation)和课程评价(Evaluation)三个基本阶段。在传统的课程发展的理论和实践中,学习者仅仅是被动地参与课程实施,甚至仅仅被动地参与了课程实施中的某一部分——"教学活动",却很少参与课程评价,并几乎被排斥在课程规划或设计之外。在信息技术与学科教学的整合中,这种情况将被全面改变,学习者要作为课程发展的主体参与其全过程。这就是信息技术与新课程整合的主要原则,该原则自然也适用于英语新课程。

三、信息技术与新课程进行整合的内容

我们认为,基于课程发展的三个阶段,信息技术与新课程进行整合的内容应包括以下四个方面:在课程发展中,首先要考虑的是课程的研制者。它主要包括有关的行政决策者、课程专家、教育技术专家、学校校长与教师,在这个方面,有效的整合就意味着要提高这些人的信息化课程研制的素养。目前,切实可行的主要方法是各种培训和研究形式。

其次是课程学习者,也就是学生。信息技术与新课程的整合对他们而言就意味着那种"书本—教师—课堂—作业—考试"的学习模式将不再是唯一的学习模式。学习者自身将被赋予前所未有的新角色。根据后喻文化理论,再考虑目前计算机和网络的普及,在纯技术层面,他们的信息素养可能比某些课程的研制者还要高(目前初中普遍开设了信息技术课),他们缺乏的主要是有关课程整合意识和新课程理念方面的指导。所以,这里所要考

虑的是如何培养他们参与课程整合的行为习惯和能力，组织他们如何开展信息技术与新课程整合的设计、实施和评价的全过程，使他们在整合实践中开展学习。

　　再次是课程内容。新课程背景下的课程内容包括传统课程内容和活动课程内容，传统课程内容指的是以"课堂—书本"模式为主的教学内容，也就是课堂教学，这部分的整合主要是工具性整合与资源性整合，操作性也比较强。后者的内容则是需要平台性整合，比如活动课程中，信息技术不仅发挥其工具意义和资源意义，更具有全新的平台意义。学习者在活动课程中的轨迹和成果，都可以借助信息技术记录下来，并作为反思、Peer Learning、教师监控、形成性评价等材料。E-mail、Blog、个人主页、专题主页、BBS、QQ、MSN、学习群、主题群等方式，都可以作为此类平台。

　　最后是评价方式。评价方式可分两个方面来整合，并且涵盖工具、资源和平台三类整合。一方面是评价软件的应用，如用 Excel 来便捷地计算标准分以达到公正合理地评价的目的。另一方面是活动课程的成果被记录、被反思、被评论，这些反思和评论不仅可以作为进一步的学习资源，更是可以作为历史记录，给教师和同学提供一个全新的评价平台。

第三章 现代信息技术与英语教学基础理论研究

第一节 现代信息技术与英语教学整合的优势及思考

信息技术的发展和普及,给教育带来了意想不到的机遇和挑战,"一块黑板、一支粉笔、一张嘴巴,众人听"的传统教学模式已经远远不能满足当今教学改革和课程发展的要求,在英语教学中亦是如此。英语教学其实就是对学生的听、说、读、写等能力的培养,要想获得最理想的教学效果,需要教师有效整合和合理运用声音、图像、动作及情境等因素。而作为信息技术标志之一的多媒体教学以其丰富、形象、生动的教学特点,为英语教学提供了广阔的平台。因此,信息技术与英语教学的整合不仅是顺应新课改的需要,也是为了培养学生英语综合能力的需要。本节探讨信息技术与英语教学整合的优势及思考,希望能更好地发挥信息技术在英语教学中的作用,最大限度地提高英语教学的效果。

一、现代信息技术与英语教学整合的优势

(一)有利于学生学习兴趣的培养

爱因斯坦说过:"兴趣是最好的教师。"兴趣是激发学生学习的内因,当学生对所要学的内容感兴趣时,那么学习就已经取得了事半功倍的学习效果。多媒体英语教学实现了将英语知识由静态向动态的传播,这种声、画交融的动态教学方式可以有效地将抽象的知识形象化、具体化、生动化,从而营造兴趣盎然的课堂学习环境,增强授课的趣味性。与此同时,还可以较长时间地吸引学生的注意力,达到激发学生兴趣、获得最佳学习效果的目的。

(二)有利于学生学习自主性的提高

多媒体网络技术具有信息处理和人机交互的功能。这种图文并茂可以及时反馈出交互方式对英语教学具有重要的意义,它能够有效地激发学生的学习兴趣,使学生产生强烈的学习欲望,从而增强学习动机。在传统的英语教学过程中,大到教学的策略、内容、方法,小到教学步骤、学生的作业都是由教师事先安排的,学生参与得很少,只能被动地跟着教师的步调走。而在交互式的学习环境中,学生可以根据自己的实际情况和学习需求,选择

符合自己实际水平和感兴趣的内容进行学习和练习。多媒体网络技术为学生自主性、创造性地发挥提供了平台，能让学生成为学习真正的主人。

（三）有利于真实情境的创设

传统英语教学偏重语言知识的传授，尤其偏重语法词汇知识的讲解，而这些语言知识由于离开了真实的情境，远不能引起学生的学习欲望。现代信息技术在情境创设方面有无可比拟的优势：声音、图像、动画、影像等多媒体的集成，可以最大限度模仿自然界的声、色、形；巨大的容量可以提供大量情境素材；共享的特点可以消除时间和空间的障碍，让资源得到最充分的利用；交互性可以调动学生的积极性，扩展学生的思维；超文本链接符合人类思维的方式，可以满足学生的求知欲，拓展学生的知识面。总体而言，现代媒体能够集文字、图形、声音、动画等不同的信息形态于一体，突破时间和空间的限制，为英语学习创设较真实的情境。

（四）有利于课堂教学容量的扩大

优质高效的课堂意味着高效率、快节奏。传统的英语课堂教学以教师、教材为主，有的教师由于受自身知识和能力的限制，不能给学生提供"大量的语言输入"，有的教师课堂教学只是照本宣科，做教材的"翻译员"，这些都阻碍了英语教学的有效实施。现代信息技术为教师提供了一个非常广阔的空间，教师可以运用多媒体技术，通过图片、文本、音频视频资料、网络链接等，扩充和丰富课堂教学内容，为学生提供更加丰富的教学资源，从根本上提高了教学效率，弥补了传统教学模式的不足。除此之外，运用信息技术还可以节省提供背景资料等所需要的时间，从而增加学生练习语言技能的时间。

（五）有利于学生综合技能的发展

《英语课程标准（实验稿）》明确提出"倡导体验、实践、参与、合作与交流的学习方式和任务型的教学途径，发展学生的综合语言运用能力"。在网络交互教学中，学生通过信息交流，扩大信息来源，同学之间互相启发和诱导，从不同角度对同一问题进行分析、讨论，这有利于发散思维的形成，为创造思维的训练奠定基础。在此过程中，学生可以学会共同生活（learn to live together）、学会求知（learn to know）、学会做事（learn to do）、学会发展（learn to be），学生对分享和合作的体会，有利于学生综合技能的发展，而综合技能发展的意义远远超过学习英语语言本身。

二、现代信息技术与英语教学整合的思考

尽管现代信息技术为英语教学带来了种种优势，但是"技术是一把双刃剑"。多媒体是教师和学生沟通的媒介和工具，如果使用不当，很难达到理想的教学效果。在实际英语课堂教学中，信息技术与英语教学的整合还有很多值得我们思考的地方。

（一）关于教师教学思想的思考

现代教育技术是以现代教育理论为基础的，现代教育理论要求必须充分发挥学生的学习主体作用。教育技术的运用要能激发学生的学习兴趣，要努力创造学习者可参与的环境，使传授知识和发展智能与素质培养统一起来。运用信息技术的关键是教师，但这并不意味着只要教师采用了现代信息技术的手段，就可以达到提高教学效果的目的，也并不意味着其教学思想就是先进的。很多教师认为，运用了现代技术就是跟上了现代教育的潮流，因此盲目地滥用多媒体技术。如果只是采用了这些先进的手段，但课堂教学过程仍然是传统的以教师为中心的课堂，仍然是"填鸭式"的教学，那便是只重现象而忽略了本质，远离了现代信息技术与英语整合的初衷。因此笔者认为，为了实现现代信息技术与英语教学整合的最优化，教师首先要做的是选择适合自己学生的教学模式；其次，是转变教师的角色，是即由教学者向平等的学习促进者的转变，由知识的传授者向导学者方向转变，成为课程的设计者、开发者、组织者和参与者，教学的重心从知识传授向全面综合素质提高的转变，成为团队合作者。

（二）关于教师教学实践的思考

1. 英语课是否是多媒体展示课

英语是一门实践性很强的语言，必须通过大量的语言输入以及师生之间、生生之间大量的英语交流，才能达到培养学生英语交际能力的目的。然而由于有些教师对现代信息技术与学科整合的误解，有的教师片面地追求多媒体教学课件的精美和展示，把本应由教师讲述的内容演变为多媒体演示；用网络的信息交互替代师生之间富有思想和情感的交流；用冷冰冰的人机对话来完成学生和教师、学生和学生之间应有的合作和讨论。事实上，现代信息技术并不只是CAI，CALL，也不能简单地等同于使用计算机、投影仪或网络教室等现代教育设施来上课。信息技术的应用涉及硬件和软件两个方面，笔者认为课程的教学设计、系统的分析方法、学习资源的科学安排和使用这些软件方面所起的作用远比硬件的作用大。在英语课堂上，计算机的模拟对话代替不了人与人之间的自然语言，计算机已经设定好的思维模式代替不了人的思维，尤其是用目标语来思考的思维模式。因此，在信息技术与英语教学整合的背景下，不能把英语课上成多媒体展示课。

2. 教师如何把握好英语课件的制作

信息技术与英语教学整合对硬件设备的要求很高（包括多媒体计算机、局域网等），而且要求学生具有操作计算机的能力，这是教学实践中所面临的问题。但相比软件而言，硬件框架已成规模，虽然维持网络正常运转的费用较高，在软件方面的投入，尤其是多媒体课件制作方面的投入严重偏低。而目前大部分教学软件来源于开发商，软件开发商侧重的是盈利，因此在思想性、知识性、启发性方面有所忽视。笔者认为，硬件设备的配备和维护，学生操作计算机能力的提高，都是很容易解决的问题。但在教学软件和课件制作投入偏低的情况下，教师对课件制作的把握不是时间长短可以解决的。一节课中，教师选取的信息量能够在多大程度上被大部分学生吸收？应该留下多长时间让学生思考？课件操作过程中需要学生懂得怎样的计算机技术，是否符合学生的认知水平？这些问题需要广大大学英语语研究者和一线教师不断地进行研究和实践，构建具有针对性及实践意义的教学模式，使信息技术与英语课堂教学能够更好地结合在一起。

第二节　基于现代信息技术下的大学英语互动教学研究

一、信息技术与课堂互动的概念

（一）信息技术

从广义上来说，信息技术是指充分利用与扩展人类信息器官功能的各种方法、工具和技能的总和。它强调的是从哲学角度阐述信息技术与人的关系。从狭义上来说，信息技术是指利用计算机及网络等各种硬件设备和软件工具等综合方法，对文、图、声像各种信息进行获取、加工、存储、传输与使用的技术之和。它强调的是信息技术的现代化与高科技技术含量，总的来说，信息技术包括信息媒体和媒体应用方法两个要素。如今人们在各个领域中广泛地运用信息技术，在教育领域，信息技术主要是指利用基于计算机技术的网络技术和多媒体技术进行教学活动。

（二）课堂互动

课堂教学互动是指师生互相交流、共同探讨、互相促进的一种教学组织形式。广义上的课堂互动是指教学过程中各要素之间的相互作用和相互影响，包括师生互动、学生与学生之间的互动、教师与教材之间的互动、学生与教材之间的互动、教师与教学媒体之间的互动、学生与教学媒体之间的互动。而狭义上的课堂互动仅仅指教师与学生以及学生与学生之间的信息互动与交流活动。笔者所指是狭义角度的大学英语课堂互动，即大学英语课堂上教师与学生，以及学生与学生之间的互动交流活动。

二、影响大学英语课堂互动教学的主要因素

（一）教学参与对象因素

参与大学英语课堂的对象主要由教师和学生构成。其中授课教师作为课堂教学的重要组成部分，在教学互动过程中居于主导地位，因此教师的各种活动和行为都会对课堂互动产生影响。现今我国高校的大学英语课堂教学中，教师大多只是充当信息技术的操作者，并未形成真正意义的互动。其主要原因有以下两种：第一，教师的教学理念陈旧。随着时代的变更，由教师主导的传统的课堂教学观念已经不能适应如今大数据背景下的信息化教

学。很多年长资深的教师已经习惯于过去"传输知识型"的教学模式,而且他们对互动式的方式认识不深或者抱有抵触情绪,认为互动会影响课堂教学秩序。虽然这种想法有一定的合理性,但它也在无形中放大了互动教学的弊端。第二,学生的互动意识和学习态度的欠缺。由库尔特·勒温(Kurt Lewin)提出的场动力公式 $B=f(P*E)$ 可知,学生个体内心驱动力不强导致课堂互动的不足。首先,学生的内在驱动力会受到性格的影响,一般来说,在课堂互动中个性比较活跃的学生要比个性安静的学生的互动意识更强。

(二)教学内容因素

Krashen 的"输入假说"指出,教师应当在交际中给学习者提供足够数量的语言材料,并且这种材料是能被学习者所理解的语料,而这些语言材料的选择就决定了课堂互动模式的不同。比如,听力在大学英语教学和考试中的重要性决定了听力材料在课堂教学中必须大量运用。学生需要通过大量的训练才能有效提高听力能力,但是听力材料的特殊性强调教师在课堂互动中运用信息技术"输入"听力材料后,还应为学生预留足够的"输出"机会。因此,大学英语听力课应当是以教师为主的混合型课程模式,所以,在大学英语的课堂中,语言材料的输出比重仍然偏少,教师与学生的互动比例很不平衡。

(三)技术设备因素

目前我国很多高校都面临着信息资源尤其是优质资源短缺的问题。第一,在信息化时代,信息的更替速度直接影响着教学质量。一方面,优质的信息资源的便利性和多样性会在一定程度上促进课堂互动;另一方面,优质信息资源也能为学生和教师提供更多的选择性,从而让教学双方能够更有效率地投入课堂互动中。第二,硬件设备是信息技术环境的重要组成部分,同样会对课堂互动产生一定的影响。大学英语课堂互动是基于一定的信息环境开展的,因此传统的板书式硬件设备主要以教师讲授为主,在一定程度上减少了互动的触发性;反之,运转流畅、优质高效的现代化信息设备将会增加教学双方的互动参与性和积极性,从而提高教学效率。

三、大学英语课堂互动的优化策略

(一)教师教育观念的转变和自身素质的提高

第一,作为信息化时代的大学英语教师应当积极转变教育观念,建立起教学双方的平等意识,主动加强与学生之间的交流和互动,从而为课堂互动设计创造有利的前提条件。第二,完成自己身份的转换,让教师由管理者变成组织者和引导者。教师要在课堂教学中加强与学生的互动,通过设计多种形式的教学活动来培养学生的主体意识,最终帮助学生构建课堂互动中的平等主体地位。第三,信息化条件下的大学英语课堂互动不仅要求教师拥有先进的教学理念,还要求教师具备较高的专业素质。教师应当在教学之余,坚持学习并钻研本学科知识,为自己充电。同时注意吸收国内外在自身领域的先进理念和经验,不断更新自己的教学观念和创新策略,并将此应用到课堂互动教学中。

(二)现代信息技术在大学英语教学中的合理运用

第一,合理分配信息技术的适用环节,重点在于情景预设。鉴于传统教学缺少直观感受,教师可以通过情景预设帮助学生弥补真实情境的缺失和语言上的认知冲突,从而激发学生的活动参与性和互动欲望;同时也能够让学生更好地融入课堂环境。第二,重难点突破。大学英语中存在很多枯燥的语法讲授,如果教师能够运用自己设计的图片或视频来进行呈现的话,课堂教学将会更加生动活泼和有针对性。第三,学生自主学习。随着信息化时代的来临,教师应当利用国际上兴起的丰富的慕课资源,为学生准备带有启发性的多媒体课件,作为辅助他们自主学习和研究的工具。

(三)教学评价策略的合理运用

第一,因材施教,加强对学生的主观性评价。在课堂互动教学中,教师应当多使用带有鼓励性质的语言来评价学生。这些主观上偏向积极的评价将会对学生产生正面良性的心理暗示,同时能够增强学生自信,激励他们参与互动的积极性。第二,注意评价的及时性和滞后性。比如,在学生练习大学英语口语时,教师应当对学生的回答及时做出评价和反馈,这样才能及时实现与学生的互动,而在课文讲授的问答过程中,教师可能需要综合多个学生的回答才能够做出最终的延时评价。因此,只有综合合理使用及时评价和延时评价,教师才能有效实现课堂互动。

综上所述,在信息化时代的大背景下我国大学英语教学应当积极顺应时代的发展潮流,一方面吸取国内外先进教学经验与成果,另一方面坚持内部自我改革,在大学英语面临"内外交困"的局面下不断探索具有中国特色的大学英语互动教学模式,最终实现促进大学英语教学,提高教学质量的目的。

第三节 移动信息技术下大学英语写作教学的困境与对策

写作是语言学习者英语综合应用能力的重要表现形式。大班课堂教学下师生信息反馈不够及时,造成写作教学"费时低效",移动信息技术的迅猛发展,为大学英语写作教学延伸到课外提供了良好的机遇。本节围绕大班写作教学的困境和挑战,探讨了移动信息技术应用于英语写作教学的优势,提出利用移动信息技术开展作文写作、批阅、修改及交流的新对策。

一、大学英语写作教学的困境

(一)作文批改量大而广、负担重

现在大学英语课程基本上采取按专业合班教学的大班方式授课,教师一节课甚至面授上百学生。受时间、空间、人数的制约,目前大多数公共英语写作教学仍然遵循"教师课

堂讲解课文→布置写作题目→学生课外练习写作→教师批改作文→批阅后发回学生"的模式展开,师生间信息反馈不够及时,造成写作教学"费时低效";加之如今互联网高度发达,任意一个命题作文,学生都可上网搜索到范文,抄袭现象屡禁不止。

(二)课堂内外衔接不力

目前的大学英语课堂无论是黑板加课本的教学模式,还是多媒体演示的教学方式,都是一对多的教学方式,也主要体现了教师的主动教学、学生被动接受的特征。英语本身拥有广阔的天地,很多知识不是从课内获得,而是从其他活动中、从社会生活中获取的,但目前的教学却常常硬性地将课内与课外一分为二,只注重课堂教学,而忽略了课外知识技能的衔接,课外拓展和延伸功能被漠视。

(三)学生对教师书面反馈的过分依赖

许多学生,特别是大一新生还停留在高中阶段保姆式教学对教师过分依赖的习惯定势中,他们认为上交书面作文就是为了教师能给他们指正语法、词汇、拼写、标点等语言错误。显然这种依赖心理也影响了写作教学的效果。

二、移动信息技术应用于英语写作教学的优势

现代移动信息技术的迅猛发展及智能手机的广泛普及,给大学英语教学改革带来了新的思路和手段。特别是智能手机的移动便携、上网即时、储存量大、下载学习软件方便等优势已被广大师生认可。据调查目前大学生智能手机的拥有率已达到99.8%,微信、QQ平台最受青睐,这无疑为开展课外英语写作教学提供了无限可能和良好的机遇。具体体现如下。

(一)打破时空的限制,英语学习成为随时随地的移动学习

智能手机的移动化、网络化及丰富的APP外语学习软件资源,使英语写作练习可在任何时间任何地点进行,不再受时间、空间及人员的限制。

(二)强化师生的交互性

智能手机已成为移动学习的理想平台,它与传统大学英语课堂教学模式相呼应,成为大学英语课堂的延续和补充。它能够延伸大学生课后英语学习的时间、促进师生之间的交流和互动、改善大学英语的学习效果。

三、移动信息技术下写作教学的对策

教师可通过智能手机的QQ、微信平台,编辑短信、发送文件等形式布置写作任务、在线检查、批阅学生作文;学生也可将写作遇到的困难和问题及时在线反馈给教师;通过批改网完成写作前、中、后三阶段的写作辅导等教学环节,培养学生自主写作能力,从而提高写作教学效果,建议采取以下策略。

（一）以写促学

学习英语离不开写作。初始阶段的写作教学可侧重"写长法"，即不限制题材，任其发挥，写得越长越好。要求每个学生每周通过QQ群提交一篇网上作文，提倡使用新学词组和句型。每周每组推选或抽查最好作文传转他班进行交流、学习，以及一篇最差作文供教师通过QQ或微信平台集体点评。通过开展大量课外写作实践活动，促使学生充分利用课外碎片式时间开展自主式、合作式学习，有效促进课堂内外的有机衔接，减轻教师批改作文的负担。

（二）读写结合

该阶段的写作教学以限制题材为主。教师通过QQ或微信网络平台，每节课后推送一篇英语美文或名作供学生阅读和赏析。大量输入阅读，可培养学生审题、遣词造句、段落组织等语言综合能力。学生以宿舍为单位先纸质互阅互批并打分，再结合"句酷批改网"显示的分数，平均后，记作平时成绩。以此培养新生的自主管理和服务意识，摆脱对教师批阅的过分依赖。

（三）改革提交方式

后期的写作教学以网上限时(30分钟)为主，在线完成并提交某种题材的命题作文，可杜绝作文抄袭现象。教师通过"批改网"软件，及时线上批阅作文，再就共同问题给予辅导答疑，师生互动更通畅。

现代信息技术给英语写作教学带来良好的机遇，但任何技术毕竟只是教学的辅助手段，是课堂常规教学的补充和延续。因此，教师要以学生为中心，充分利用移动信息技术的优势为学生开辟新的写作视窗，通过网络平台将英语教学拓展到课外的时间和空间，开展在线作文写作、批阅、修改及交流，使学生在大量充分的语言实践与应用过程中提高写作技能。移动英语教学模式还有巨大的研究潜力待开发。

第四节 自媒体时代信息技术与大学英语ESP生态化教学

21世纪，自媒体时代信息技术的飞速发展对教育领域产生了深远的影响，为大学英语ESP教学提供了前所未有的拓展空间。随着信息技术进入大学英语ESP课堂，既是课堂教学改革各个环节的巨大推动力，也打破了传统大学英语ESP教学的生态平衡，给教学带来了新的挑战。2010年，陈坚林教授在《计算机网络与外语课程整合———一项基于大学英语教学改革的研究》一书中指出，大学英语教学必须创建"教学理念国际化、多媒体教学正常化、课程管理三级化和教学环境生态化"的生态化教学体系。鉴于此，本节将从教育生态学的视角分析目前大学英语ESP教学生态系统中，各生态因子之间的失衡现象，尝试借用自媒体时代现代信息技术解决教学中的生态化难题，构建大学英语ESP教学模式，营造生态化课堂环境，培养学生过硬的英语综合运用能力、英语学术交流能力和跨文化交际能力。

一、教育生态学的发展

教育生态学开创性地融合了教育学和生态学两大领域的知识成果，是一门典型的交叉边缘学科，可是它却为大学英语ESP教学的研究打开了一种全新的思维方式。20世纪30年代，"课堂生态"（Ecology of Classroom）这一概念在美国教育学家Willard Waller的《教学社会学》一书中首次被提及，随后引起了学术界的广泛关注。20世纪60年代，教育学家E. Ashby进一步阐明了"高等教育生态学"的理念。1976年在Lawrence Cremin的《公共教育》一书中，这位前美国哥伦比亚师范学院院长分享了他对教育生态学的理解，并正式提出了"教育生态学"（Ecology of Education）这一术语。教育生态学创造性地将生态学的基本原理，如生态系统、生态平衡等，应用于各种教育现象及其成因的研究，揭示了教育发展的规律和趋势。教育生态学的研究在20世纪80年代以后进一步拓展和深化，其间标志性的研究成果层出不穷。例如，C. A. Browers在1990年至1993年间对教育生态学领域进行了一系列宽泛而深入的研究，既包括课堂生态等微观层面，更涉及教育、文化和生态危机等宏观层面。2001年Tudor撰写了《语言课堂之动态性》一书，自此，学界对外语课堂教学的研究朝着生态化的方向发展。

而国内学者对教育生态学的关注则是在20世纪90年代后，逐渐形成了较为系统的理论框架。吴鼎福、诸文蔚、范国睿等陆续出版了各类专著，从宏观层面深入探讨教育生态学的基本原理、教育资源与教育生态、可持续发展战略等问题。但纵观教育生态学在中国的发展，学者的研究大多集中于宏观层面，而对微观层面的研究，诸如课堂生态的系统、生态因子等内容却不够深入具体。

教育生态学将教育中涉及的问题纳入生态学的范畴考量，把教育视为一个统一的生态系统。借助教育生态学的观点探讨大学英语ESP教学中，各生态因子之间的相互联系、相互影响、和谐发展，以及发展过程中各生态因子之间不可避免的失衡现象，为大学英语ESP教学的研究打开新的维度，提供值得借鉴的理论依据和实践指导。

二、传统大学英语ESP教学中的生态失衡现象

"课堂生态"被Doyle&Ponder定义为"对教学环境产生影响的互相联系的过程和事件所形成的网络"。大学英语ESP课堂也是一个由教师、学生、教学内容、教学事件等生态因子共同组成的有机、统一和动态发展的微观生态系统。各生态因子之间互相联系、互相制约。与其他的生态系统一样，它同样具有整体性、开放性、共生性、可持续发展性等特征。师生是该生态系统的主体。

在我国传统的大学英语ESP教学中，该生态系统内部各生态因子之间也不可避免地存在失衡现象，主要表现在以下几个方面：

（一）大学英语 ESP 教学生态主体与生态环境的失衡

由于种种客观因素的影响，不管是曾经以"通用英语"（EGP）为主的大学英语教学还是向"专门用途英语"（ESP）转型后的大学英语教学似乎都逃不过大班授课的命运。因此，从生态环境的角度来看，"学生密度"过大，课堂生态空间"超负荷"，平均到每个学生身上的教学资源极其有限。此外，语言教学过程中，师生的频繁互动对学生语言能力的培养十分重要，在大班教学模式下，由于学生过多、师生互动困难，故学生对自己的缺点和不足往往得不到及时反馈，因而不利于其语言能力的提高。这显然违反了教育生态理论中的"耐度定律"和"最适度原则"，对语言的教学十分不利。

（二）大学英语 ESP 教学内容与教学目标的失衡

随着 ESP 研究的不断深入，学界陆续出版了各种各样的 ESP 教材。但正如蔡基刚教授分析的那样，现阶段来看，国内学界对专门用途英语，尤其是其理论发展缺乏深入研究，仅仅是把专门用途英语范畴中的商务英语、医学英语、法律英语、科技英语等名称照搬过来而已，而并没有对教学内容和教材实质进行系统分析，这样编写出来的教材，其目的、内容和教学法与真正的 ESP 教材完全不同，因而并不是严格意义上的 ESP 教材。纵观目前国内出版的 ESP 教材，大部分确实存在上述问题，将 ESP 教材和全英语专业教材混为一谈。这些教材的编写者大多过分强调 ESP 教材中专业知识的系统性与全面性，大量生僻的行业用语随处可见，不仅让学生望而生畏，对只通晓基本行业知识的 ESP 教师也是极大的挑战。事实上，ESP 教材并不等同于全英语专业教材，"语言"才是 ESP 教材的重点，而"学科内容"只是媒介。ESP 教学的目标应该是"训练学生特定学科里的语言能力而非传授学科内容和知识"。通过学习这些主题与专业相关的英语文章，帮助学生掌握特定领域的语言知识，进而提高他们的英语学术交流能力和跨文化交际能力。显然，目前国内大部分 ESP 教材的编写过分强调"学科内容"的掌握，偏离了 ESP 教学的初衷。

（三）大学英语 ESP 教学评价与学生能力培养的失衡

长期以来，社会大环境迫使我国大多数高校至今仍以英语四、六级通过率来衡量大学英语教学是否成功。然而，随着时代的发展和我国中小学基础教育质量的提高，社会对高等教育中学生英语能力的要求早已是过去以"通用英语"（EGP）为主的大学英语教学模式所不能满足的。中外合作办学的蓬勃发展和 MOOC 时代的来临迫使大学生如果想要在专业上有所建树，就必须具备能听懂英语专业讲座、能读懂英语专业文献和能用英语撰写研究论文的能力。如果大学生仅有一般的英语综合应用能力，不具备专门领域或特定行业的英语工作能力，在全球化经济时代下将很难适应社会对各行各业国际人才的要求。显然，现阶段大学英语 ESP 教学生态系统中，教学评价机制远远跟不上当今社会对学生能力培养的要求。教师应从片面强调词汇、词组、句法等语言知识和技巧训练的桎梏中解放出来，真正重视专门用途英语教学，重视学生英语学术交流能力和跨文化交际能力的培养。

（四）大学英语 ESP 教学中师生主体地位的失衡

在课堂教学中，师生无疑是两个最为重要的生态主体。在传统大学英语 ESP 课堂上，知识传播的主要方式还是由教师指向学生这种传统的单向式传播，教师仍是教学活动的中心，学生呈被迫接受状态。学生"人口密度"过大很大程度上制约了师生之间的合作与互动，学生之间的合作与交流更是少之又少，因此，学生主体作用的充分发挥则无法保证。当今社会英语的应用性特征越发明显，将来的英语学习不再是单纯的英语学习，社会发展需要多元化、专业化的英语人才。在这种大环境下，缺乏自主学习能力，缺乏主动性、创造性的学生必然经受不住社会的考验。

四、借力信息技术，构建大学英语 ESP 生态化教学模式

在今天的高等教育中，ESP 教学日趋成为大学英语教学中的一个重要组成部分，当然也是薄弱环节。事实上，ESP 教学是大学英语教学生态系统内部的一个更为微观的教育生态子系统，在大学英语 ESP 教学活动中，师生是生态系统的主体。如前所述，和其他任何生态系统一样，其内部也存在种种不可避免的失衡现象。如何在现有的条件下，借助自媒体时代现代信息技术解决 ESP 教学中的生态化难题，构建具有开放性、整体性和可持续性的良性生态系统确实是值得我们深思的问题。

（一）营造生态化学习环境，提供支持性学习资源

语言能力的培养需要在健康和谐、有利交际的氛围中进行。在大学英语 ESP 教学微观生态系统中，教师和学生是两个最关键的生态因子。语言教学中，语言知识的传授与语言技能的训练很大程度上依赖于师生双方高效的交流与互动。我们在教学中常常会发现紧张的心理状态不利于语言的表达，教师如此，学生亦如此。因此，教师应尽可能营造宽松的心理环境，鼓励学生大胆表达不同的见解，使学生在毫无负担的情况下充分发挥其主观能动性和创造性，进而保证语言教学得以顺利、高效的开展。

事实上，在真实的课堂环境中，我们往往会发现，尽管教师想方设法活跃课堂氛围，可是相当一部分学生还是由于害怕丢面子而不敢参与互动，使得教师不得不变成"一言堂"。在自媒体时代，我们完全可以借助论坛、博客、微博、微信等信息手段将课堂无限延伸，搭建师生互动、生生互动的第二课堂语言学习平台。在虚拟的网络世界中，学生往往不会再有丢面子的负担，进而勇敢地交流、表达。

此外，自媒体时代先进的信息技术、丰富的网络资源，为我们的教学提供了海量的可供参考的素材。以微信为例，目前国内有不少针对英语学习爱好者而创建的微信公众号，如"专门用途英语""蔡雷英语"等，定期推送内容丰富的资讯。教师完全可以通过关注这些微信公众号，掌握最为前沿的英语知识，再有选择性地将这些知识与教材有机融合，利用优质的教学内容吸引学生的深度参与。教师也可让学生自己关注这些微信公众号，较之枯燥的课文，这些有趣的知识往往更能引起学生的共鸣，激发学生学习语言的兴趣。而

自媒体时代这些来自四面八方的不同的声音，使得学生不再被一个"统一的声音"告知对或错，他们会渐渐学会从独立获得的资讯中，对事物做出正确的判断，有利于学生批判性思维的培养。

可见，信息技术的有效利用无形中帮助我们营造了相对安全的心理环境和适度的空间环境，避免了课堂生态空间的"超负荷"，兼顾生态主体的耐受度。这样一来，可以将每个学生教学资源的占有率最大化，而作为课堂生态主体之一的学生，他们的生理和心理压力得以充分释放，有利于他们的学术英语交流能力和跨文化交际能力的培养。

（二）构建"以学生为主体、以能力为本位"的生态化教学模式

在传统的大学英语 ESP 教学中，生僻的、冷门的专业词汇随处可见，为了使学生掌握这些专业词汇的用法，教师往往需要不断地解释和举例，一节课下来留给师生互动的时间着实不多，教师被迫成为课堂的主体，学生依赖教师的讲解获取知识。而在海量资讯唾手可得的自媒体时代，教师早已不是知识的唯一来源，我们不能再固守落后的传统教学理念，应该变"一言堂"为师生间的"平等对话"。

生态系统中，任何生物都具有"自主—依存"的双重属性，因此，无论是在人类还是动物世界中，"自主—合作"的关系随处可见，课堂教学亦是如此。"自主—合作"的生态化教学模式可以最大化发挥学生的主观能动性，培养他们发现问题、提出问题、解决问题的创造性思维能力。

语言学习的效果很大程度上依赖于所接触的语言的量和内容，真实自然的语言环境对于语言技能训练至关重要。自媒体时代信息技术因子的导入将会使大学英语 ESP 教学打破时间和空间的界限，在开放的生态系统中寻求"教"与"学"的平衡发展。在"自主—合作"的教学模式中，教师可在课前布置若干教学任务，抛出本堂课要解决的若干问题，再利用自媒体平台引导学生学习、讨论，最终汇报与展示学习成果。例如，生僻的、冷门的英语专业词汇可以布置成预习任务让学生提前搜索，在开放的网络环境中他们学会辨别信息的真伪，进而学习、理解和掌握英语专业词汇的意义和用法，效果往往比教师在课堂上扯着嗓子反复强调要好得多。在传统大学英语 ESP 课堂上教师往往需要花整节课去讲解的语言知识完全可以录制成通俗易懂的微视频或电子课件，发给学生利用碎片化的时间课前自学。同时，自学过程中，学生之间可以利用 QQ、微信等社交平台分享学习心得，教师亦可以了解学生的学习进度，解答学生自学中遇到的难题。通过学生前期的自主探究、交流讨论，他们会对知识形成自己的理解，进而在课堂上针对教师课前抛出的问题进一步探索、解决、汇报和展示自己的学习成果。

在这一过程中，同为课堂生态主体的教师和学生间互相尊重、彼此配合、协同发展。师生互动、生生互动的大学英语 ESP 生态化课堂得以实现，学生的自主学习能力得到提高，英语学习更为个性化、自主化、专业化。

（三）构建基于信息技术的多维度测评体系

构建基于信息技术的多维度测评体系是大数据时代下大学英语教学改革的重要环节之一，是实现人才培养目标的重要途径。在大学英语 ESP 教学中，利用信息技术提供智能化的评价和测试方式应得到更多的重视。以网络平台为依托，建立多维度测评体系，基于多元层级共时和历时的数据分析，提供适合时代发展的智能化评价和测试方式，将日常教学、自主学习和测试评估有效结合。学生可随时自测知识的掌握情况，教师也能通过自媒体平台、信息技术进行实时跟踪，了解学生的学习情况、学习成效，师生间可及时沟通、反馈，教师则可据此进一步调整教学内容与节奏。

（四）完善网络教学平台及移动学习平台资源建设

自媒体时代，大学英语 ESP 教学活动的开展离不开网络教学平台及移动学习平台资源建设。在经济高速发展的今天，自媒体平台的发展、支付方式的改革，使得人们的生活一刻也离不开网络和手机。如今，在大学校园里学习的 95 后更是从一出生就浸润在电脑、手机、互联网的世界里，他们的学习方式与习惯已发生了翻天覆地的变化。这一切都呼唤着高等教育的改革与创新，王守仁教授也曾指出，大学英语要大力推进教学与信息技术的融合。

事实上，各大高校普遍十分重视网络自主学习平台的建设，基本每所高校都有自己特色鲜明的大学英语网络自主学习平台。它们大多具备强大的功能、完善的配套，且可实现多终端支持，教师可通过平台展示和共享教学资源、开展教学互动。然而，现阶段的大学英语网络自主学习平台大多还停留在"通用英语"（EGP）的阶段，针对"专门用途英语"（ESP）的教学资源少之又少。在高校纷纷从"通用英语"（EGP）向"专门用途英语"（ESP）教学转型的今天，如何完善 ESP 网络教学平台相关课程的教学资源（教学课件、教学视频等）、如何开展互动式教学活动（利用自媒体平台开展学习讨论、辅导答疑等）、如何完善教学平台所支持的移动学习平台资源，使学生可以根据自己的语言水平、专业需求和学习兴趣选择不同的学习资源等都是值得深入研究的课题。

随着经济全球化的深入，当今社会英语学习的目的已经发生了颠覆性的改变。过去支撑大多数英语学习者学习语言的动机往往只是单纯的兴趣使然，这其实是一种"无目的的英语学习"，他们只是为了"从懂英语中找到乐趣"。而今天的英语学习者，他们的学习目的已越来越明确，他们中的大多数人是为了通过语言的学习"找到了解世界先进科学技术和经济商业的钥匙"。罗选民教授曾做过一项调查，调查显示中国铁道部下属的翻译中"百分之五十以上毕业于非英语专业"。如果毕业生想要在这个竞争激烈的社会中脱颖而出，具备扎实的专业知识往往还不够，良好的英语学术交流能力和跨文化交流能力无疑能为其将来的职业发展添砖加瓦。因此，如何在教育生态学理论视阈下，利用自媒体时代信息技术，构建生态化的大学英语 ESP 教学模式，培养学生的学术英语交流能力和跨文化交际能力，是十分必要且迫切的，我们将在后续研究中进一步探索更多切实可行的生态化大学英语 ESP 教学模式。

第四章　现代信息技术与英语教学课程与课堂研究

第一节　信息技术在大学英语课程中的运用框架构建

大学英语是大学教育的基础课程，其有效开展对于大学生的未来发展有着重要作用。信息技术是科技化的产物，具有天然的先进性与有效性，将二者结合应用能够极大提升大学英语教学的效果。

一、信息技术在大学英语课程教学中的应用现状

信息技术对大学英语课程教育的最大功用就是创设教学情境，英语教师在备课期间可精心设计课程活动，然后在具体的课堂教学中，应用一些信息技术产品将其形象化情境展现出来，如教育软件、网页等，从而达到提升教学效果与学生学习效率的作用。但在如今的大学英语课堂中，一些教师只是跟风式、机械式地将信息技术作为制作多样课件的工具，比起传统的教学方式，信息技术下的英语教学只是将其中的内容以博取眼球的方式呈现出来，如一般的英语语法、英语句子和英语文章等都只是停留在课件上的书本知识，只是形式与颜色有所改变，这种应用方式并不能让信息技术发挥真正的教学功用，与传统模式下的教学效果并无二致。

大学英语课程中的主体应是学生，辅助者应是教师，在信息化的今天，他们都应具有基本的信息技术素养。首先是大学教师对信息化理论与技术既不能透彻理解，又对其不够重视，只让信息技术作为自身生活与教学中的一个简单名词，有些教师虽然应用较先进的信息化平台进行英语讲解，但往往不能让其作用得到切实发挥。其次是大学生，大学生虽然拥有更多的信息技术技能，但是大都利用其来满足自身的娱乐需求，将其有效地用于学习之中的，少之又少，包括英语学习。概括来说，就是教师与学生虽然身处信息化的时代潮流中，但严重缺乏将其利用至英语教学与学习的意识与能力。

二、信息技术在大学英语课程中的运用框架构建

（一）信息技术运用功能分析

1. 教师教学

大学英语教学的教师可利用信息技术平台搜集教学资源、布置课下作业、传达教学目标，并利用平台上的多样化资源制作电子教案等。如"某某学校网络课程"，利用电脑、投影仪、移动存储器等实现高校的课堂教学。当前，大学英语教育常使用的一款课下软件为句酷批改网，可实现学生课下作业完成、教师线上批改的临堂测验或班级内部测评等。

2. 学生学习

学生可利用信息技术下载教师教案并完成课下作业，并提取与自身需求相匹配的网络资源，如英语电子字典查询、英语句子数据库匹配等。现在大多数大学已经实现了跨校课程平台运行，即学生可选取自己感兴趣的任意课程与教师，即使该教师与课程不属于自己学校的。

3. 教师与学生双向交流

在该技术的作用下学生可在网络上完成作业，然后提交至教师后台，教师得到提交提醒，进而批改作业，学生再接受书面或口头反馈，或再次修改、完成作业。在作业进程或测验完成之后，教师可在后台将结果贴示班级或学生个人首页，提升学生创作优秀文章与完成测验或作业的积极主动性。学校专门的教研团队也可利用双向交流应用掌握学生与教师状态，从而了解学生和优化教学。

4. 教学研究

信息技术的应用还能将各种教学信息进行整合分析，得到的结果既可作为教学研究的基础性或证明性数据，还可为教育者提供教育改革的新方向，实现教学与研究的一体化，这是信息技术应用下的特有教育特征。教学信息的收集与分析可从教师与学生两方面着手，既可针对他们中的其中一个，也可作用于他们双方。教师可自行建立相应的数据库，如课件数据库、学生作业数据库、学生试卷数据库、学生评语数据库等内容。学生也能建立自己信息的电子档案，将学习过程全面记录下来，从而为自身学习、教师教学与研究提供原始数据。

（二）信息技术在大学课程中的运用框架图与解析

将信息技术全面渗透入英语教学中是现今所有英语教师与学者广泛关注的问题，二者的结合现象在校园中处处可寻，对教师教学、研究与学生学习产生着广泛的影响，基于信息技术的各种平台、软件、网页等被各种教学行为所应用。从大平台到小软件，再到不可复制的群组等都用来开展大学英语教学。信息技术的加入，使教师与学生的教学、学习、交流、研究不再受地域与时间的限制，即反馈呈现虚拟空间的状态，既可在课上开展，也可在课下进行。在信息技术的各方面作用下，师生之间双向反馈呈现平等化、频繁化的特

点,让学生与教师都能够进行自我反思与修正,提高学生学习效果的同时,也为教师相关方面的科研成果打下扎实的基础。在此框架下,教师可利用自身创建或可访问的数据库,总结分析学生的英语学习状态,找出学生的学习规律,进一步提升自身与学校,乃至国家的英语教学水平。

(三) 信息技术在英语教学中的运用要点

依据上述所言以及有关学习与教学经验,可得出信息技术在英语教学中的运用要点如下:

(1) 学生在信息技术的帮助下完成团队合作学习,思考自身学习在内容侧重点与方式上的不足,以及利用整合而来的信息得到解决各种学习问题的方法等。当然在具体的学习中,学生应合理利用信息化技术。

(2) 在反馈评价中,应以动态形成性结果评价为主,以终局总结性评价为辅,注重交流与评价的形成过程,确保结果的实用性。利用高科技技术,实现评价追踪,在透明化制度下,保障结果的公正性与正确性。

(3) 在教学与研究中,利用人机之间的对话,对学生学习状况数据进行整合分析,同时实现教研、教学、学习,针对不同群体的三类目的,为教学改革增添推动力。

(4) 利用多种交流方式,将学校改造为具有平等性、自由性特点的优质教学环境,从而形成新时代的师生交流模式与课堂文化。具体来说,在交流时间上,有实时交流与异时交流两种模式,课堂讲授、英语长难句分析、英语课堂提问与回答、小组展示等传统教学活动可以实时交流的方式实现,教师布置预习任务、上传课件、学生下载材料、布置作业、完成作业、提出建议等都可以异时交流的方式进行。同时也不受交流地点的限制,即学生与教师既可以面对面的方式进行交流,也可通过信息化下的线上方式来互动,线上方式有发微信、发评论等,还可开展较广泛的组内交流、班内交流等。

信息技术的出现与普及,为大学各类教学带来巨大的冲击,将信息技术与大学英语教学整合应用是英语教育的时代需求,为使大学英语教学目的得到良好实现,大到国家,小到学校与教师都应变革自身教学模式,以信息多样化的手段为社会培养出一批批高水平的英语人才,从而提升国家的整体综合实力。

第二节 现代信息技术生态环境下大学英语课堂教学优化

随着网络与现代信息技术的不断发展,大学英语课堂已经与传统课堂产生了很大区别。大数据时代对高校英语教学的冲击,使英语教学资源不再仅仅局限于课本,而是结合网络与社会多方面的立体化资源。在微课、翻转课堂这些现代化教育技术的影响下,高校英语课堂需要摒弃传统的课堂教学模式,逆转师生之间的关系,使教师从"主导者"转变成"引导者"，而学习者成为影响大学英语教学实效性的主要因素。高校教学环境在自主语言学习中心、多媒体课堂、互联网的影响下，从原本的封闭式变成了呈现智能化、网络化和数字化的开放式生态系统。基于现代教育生态学角度，大学英语课堂已成为一个生态系统，由"现代信息技术、教师、课堂、学生、教学资源"等多种生态因子构成。因此，高校英语课堂的优化，需要从教育生态学的视角，在信息技术环境下，对高校英语课堂的教学方式进行全面立体的分析与创新，从而实现高校英语教学生态系统的和谐。

一、大学英语生态课堂的基本概述

教育生态学作为一门新型学科，主要内容是研究教育与其周边生态环境是如何相互作用的，旨在找出其中的机理与规律，在教育过程中，重点关注环境与生物的共生和谐生存状态，是大学英语课堂构建生态模式的重要改革途径。根据教育生态学的内容分析，课程、教师和学生与教学环境等作为生态因子，共同构成课堂这一微观生态系统，在这个生态系统中，生态因子之间传递与交换着信息、物质与能量。

在教育生态学方面，大学英语生态课堂需要分析、研究、关注教学过程中的每一个课堂生态因子。大学英语注重生活实践性，旨在培养学生的英语实际应用能力，学生这个生态因子需要主动进行学习，在系统中占据主体地位，在其他生态因子的辅助下，实现自身的全面发展。教师生态因子在课堂生态系统中发挥着重要的主导作用，需要在教学中对学生进行引导并在合适的时间注重角色的转换，从而实现更好的生态功效。在生态系统中，课堂环境属于非生物因素，为顺利开展教学活动提供基础，包括教学资源、教学方法、信息技术等内容。大学英语课堂作为一个微观生态系统，需要系统中的生态因子在自身最佳生态位上，进行各自功能与作用的有效发挥，从而确保生态系统的稳定，提升大学英语课堂的教育实效性。

二、现代信息技术生态环境下大学英语课堂教学的现实问题

教学环境的生态失衡。现阶段的大学英语课堂，存在一定的教学环境的生态失调现象，主要表现是课堂生态与课堂生态主体之间的失衡。在教育生态理论中，含有最适度原则与耐度定律，说明在一定的时空内，环境容纳总量与资源承受力在一个生态系统中是恒定的，而现阶段的高校中，英语教师的平均教学人数是 60～70 人，远远超出了大学英语这个生态系统的最高承受能力。师生作为大学英语生态系统的主体，获取英语教学资源的需求受到人数的压力限制无法得到满足，造成自身心理与生理的双重压力。此外，在高校英语课堂这一生态系统中，存在人口密度过大的问题，使教师这一生态因子对不同学生生态因子的学习需求与能力，很难进行充分的了解与具有针对性的个性化教学。

教学资源的生态失衡。现有高校英语教学过程中，存在教师与学生对教学资源进行低值使用的问题。教师低值使用教学资源体现在，大学英语课堂教学过程中，教师对于传统

教学资源存在一定依赖性，教学内容的呈现多是以纸质教材课本为中心、多媒体课件形式为辅，甚至部分教师认为使用多媒体课件对他们讲解课文产生了一定阻碍作用。教师教学观念与教学形式的传统滞后，不符合现代信息技术与英语教学手段的相关要求，造成了教学资源的失衡。学生抵制使用教学资源体现在长时间面对计算机，学生会觉得学习枯燥乏味，学生进行网络学习，更多的是在被动地完成学习任务，从而影响学生综合能力的提高。在学生对于信息技术学习缺乏主动性与学习热情的情况下，高校设立的计算机学习中心，成为学生的机房。

教学课堂的生态失衡。高校英语教学的课堂失衡主要表现是课堂中生态主体关系的失衡，教师与学生关系疏离、学生与学生关系疏离是课堂教学失衡的主要体现。课堂主体关系失衡的原因：一方面，高校在外语师资不足并且生源扩招的情况下，引发高校英语教师与学生的比例失衡，使教学不能结合学生特点，满足学生个性化需求。另一方面，信息技术从课堂中的辅助教学方式转变成主要教学方式，为学生英语学习提供了数字化、网络化、智能化的新环境，使人机互动多于人人互动，使人机交流机会有所降低。大学英语教学采用分级教学，实现因材施教，提升教学质量的同时，对原有的生态格局也进行了破坏，使学生这一生态因子需要重构人际圈，在环境改变、群体归属感缺失的情况下，增加了学生的心理与生理压力，影响学生这一生态主体在课堂生态系统中发挥作用。

三、现代信息技术生态环境下大学英语课堂教学优化路径

构建生态化教学环境。在教育生态学中，强调人的发展过程是与环境逐渐相互适应的过程，随着信息技术的不断发展，传统大学英语教学的环境已经发生了本质上的变化。社会作为高校英语教学的重要外部环境，而课堂属于高校英语教学的一个内部环境，高校英语教学内外环境的连接需要通过网络与计算机这一通道来实现。大学英语教学作为一个新的生态系统，系统中的教师生态因子需要实现自媒体、移动终端、网络平台的充分利用，并以此来进行高校英语课堂教学的延伸，使学生能够不受空间与时间的限制，对于英语课程进行随时随地的学习，并根据自身需求、结合自身英语水平，有针对性地进行英语课程与活动的选择。另一方面，高校英语教师需要提升学生生态因子在社会学习环境因子中的适应程度，引导学生与真实的语言环境进行接触，提升学生的英语水平，使得学生的英语学习不再局限于课堂这一个学习环境，而是让学生融入社会学习环境的开放生态系统之中，实现英语教学环境的生态化平衡。

构建立体化教学资源。高校英语传统教学资源主要是纸质平面教材，呈现内容比较单一，存在机械模仿与操练的问题，无法符合当代高校学生的学习与心理需求。随着网络信息技术的不断发展，学习者在获取信息的过程中，认知方式也发生了相应的变化，高校学生获取英语学习资源的方式呈现多样化，学生更喜欢视觉与听觉结合的多模态信息供给方式，根据学生的这一特点，高校英语教学资源的立体化构建，具有满足学生学习需求的重

要意义。因此，高校英语教师需要转变传统教育观念，结合纸质课本、计算机网络、多媒体光盘、信息技术等内容，构建高校英语课堂立体化教材，实现英语知识向学生传输的多模态信息输入模式，提升学生英语语言学习的效果。例如，在"Culture Shock"教学过程中，教师需要先借助纸质教材向学生讲授语言要点与文化背景，针对文中的语言点，指导学生进行相关操练；在课后，运用多媒体光盘立体演示教学内容，讲授相关知识，借助网络平台构建虚拟交际场景，使学生对文化冲突的成因与解决办法，进行自身的探索、了解与反思，从而实现高校英语教学资源的立体化构建。

构建个性化教学课堂。高校英语课程体系为呈现生态化，需要将信息技术融入课程设置，实现高校英语特色化教学。高校英语教师需要结合现代信息技术、利用信息资源，制订符合学生不同学习需求的个性化教学方案。个性化的课堂教学设计，需要从宏观与微观两方面进行。宏观上，教师需要对学生的专业需求与英语水平进行充分的调研，并针对不同专业、层次、学科的学生设计个性化教学框架。微观上，教师需要借助计算机，调查分析学生的学习风格、学习习惯、学习动机等因素，并进行分组化教学，针对小组的特点给予相应难度的学习任务，并按照不同标准来进行评估，使学生在进行教学任务的过程中，增进彼此关系。高校英语教师与学生生态主体关系的良好，需要教师针对学生的差异性需求，为其创造一个和谐的课堂环境，即适当耐度的生态环境，使大学生能够产生相应的自身舒适安全心理环境，在这样的课堂生态系统中，实现最佳的教学效果。

在时间方面，生态系统通常会表现出一定的自身变化特征，这种变化过程属于一种演变过程，是生态系统的形成、成长、繁荣到灭亡的过程，也是生态系统由低级到高级、由简单到复杂的成长过程。教育生态系统的发展，属于一种动态发展过程，在平衡 – 失衡 – 平衡的过程中不断地进行演进。借助教育生态学的相关理论与研究方法，对我国高校英语信息化教育的变化与发展进行审视，有利于高校在计算机网络、大学英语课程、现代信息技术三者整合的过程中，探索出其中出现的相关复杂问题，发现有效解决失调现象的办法，为构建生态化教学环境、构建立体化教学资源、构建个性化教学课堂三个方面实现高校英语课堂教学的优化。

第三节 信息技术下西部高校大学英语 EGP+ESP 课程整合

一、大学英语 ESP 研究现状

目前欧美的 ESP 课程已形成较为完整的体系，已开设出丰富的课程类型，如学术英语、旅游英语、医学英语、商务英语、法律英语、外贸英语、新闻英语、营销英语、国际金融英语、科技英语、文献阅读等。韩礼德 (Halliday)、亨利·威多森 (Henry Widdowson)、斯特雷文

斯 (Strevens)、约翰·芒比 (John Munby) 等诸多学者对 ESP 的研究主要涉及以下五个方面：（1）需求分析；（2）英语技能研究 (涉及听说读写译能力)；（3）课程设计；（4）语言研究；（5）教材编写与评价和现代教学手段的应用 (包括语料库、计算机多媒体的运用)。

进入 21 世纪以来，大学英语教改的浪潮方兴未艾，外语教学的发展方向及大学英语的再定位已在全社会激起了普遍讨论和重点关注。从高教司制定的《大学英语课程教学要求（试行稿）》到 2012 年再修订的《大学英语课程教学要求（试行）》，新的标准明确提出了高等学校应充分利用现代信息科技，采用基于计算机和课堂的英语教学模式，从而改进以教师讲授为主的单一教学模式，与此同时，在英语作为一门交际语言所需掌握的听说读写译以及词汇量方面，在学生英语能力的三个层次上都做出了具体的要求。由于国内的 ESP 课程建设起步晚，尚缺乏成熟的理念与教学体系，总体来说，国内 ESP 研究还在不断摸索。个别 ESP 课程的教学方法和教学实践，还未展开深入全面的研究。王蓓蕾 (2004) 的研究指出"几乎所有的 ESP 课程都是由专业课教师兼任，教学方法单一，教学效果很不如人意，学生倾向于把 ESP 看成了解专业信息的手段，而不是继续提高英语语言能力的机会"。

国外已形成较为完整的体系，对 ESP 的探索和研究已硕果累累。但我们不能完全照搬国外 ESP 的成果和经验，应根据中国国情，研究出能真正满足中国高校学生需求的 ESP 课程体系。我们应根据国内学生的英语学习环境、学习动机和学习条件来分析国内英语学习者的真正需要，并根据实际情况来设计课程，制定大纲，并进一步选编教材，探索出科学的教学方法等。ESP 是在 EGP 基础上的延续和扩展，EGP 是国内高校大学英语教育的核心，因此我们应在 EGP 基础上统筹安排 ESP 课程教学，使两者在教学内容和方式上能够做到有机整合，使大学英语课程能够更加科学、协调地持续发展。

二、大学英语课程改革方向

近些年我国大学英语教学由于受英语四、六级过级率和传统教学模式的影响，教学沉闷，形式单一，从而导致很多非英语专业大学生对英语学习缺乏主动性，兴趣下降。而随着信息技术的飞速发展，大学英语课堂教学从最初的传统课堂走向了现代网络化大学英语课堂。在传统学习方式的基础上，高校在融合数字化、网络化基础上拓展了学生自主学习平台。这种新的自主学习方式教师发挥了引导、启发的主导作用，学生也在整个学习过程中发挥了他们的主动性、积极性与创造性。但是，国内多数高校英语教学还停留在 EGP 教学上，课程设置不能适应和满足学生的学习需求，课程设计也不符合学校人才培养需求和岗位工作能力需求。随着社会对大学生的英语应用能力提出了更高更迫切的要求，许多学者提出大学英语应尽早与专业结合。国内部分高校提出，当学生的语言知识和技能发展到一定阶段时，学校应针对社会和学生实际需要，开设更加丰富的 ESP 课程来进一步培养学生的语言应用能力，培养出更多满足社会需求的外向型、复合型、应用型人才。

EGP是基础，ESP是延续和拓展，因此在形成基于计算机和课堂的教学模式的个性化、自主化学习模式之前，我们必须坚持EGP在前ESP在后的先后关系。随着信息技术教育应用的迅速发展，和大学英语教学改革的深入发展，国内高校基于信息技术的大学英语立体化教学环境已初具规模，英语学习者可依托互联网、网络辅助课程和自主学习中心等形式进行EGP的自主学习，因此，目前国内高校均在努力尝试EGP教学和ESP教学的同步，及构建信息技术环境下EGP+ESP的混合教学模式。

　　在这种全新的EGP+ESP混合教学模式下，既能结合传统教学的优势又能将网络学习的优势发挥到极致，现代信息技术和网络技术手段也能得到充分利用，真正实现教师为主导、学生为主体的教学模式。在此基础上教学主体的主观能动性得到发挥，教学内容和课程体系得到完善，教学模式和手段也能进一步改革，国内高校的大学英语教学效果和质量将会大大提高。

三、信息技术下大学英语课程改革的基本思路

　　构建大学英语EGP+ESP课程模式。多数西部高校现有英语课程模式为：基础级、中级起点学生4学期完全以EGP教学为主，高级起点班学生实行3+1模式，3个学期实行EGP教学，最后一学期进行ESP课程教学，ESP课程的内容完全由任课教师自主选择。所以，总体来说大多数高校自实行分课型，分级教学以来还停留在只强调基础英语EGP的教学而没有系统地开设ESP课程，且ESP课程的设置和ESP教学随意性较强，导致ESP的教学还处于零散的、自发的状态，而ESP定位不明确、教学模式落后、教学手段单一、师资力量薄弱、组织管理松散，严重制约了ESP教学的发展。对于基础级和中级起点班的调查显示，英语课堂出勤率低，注意力不集中，学习兴趣不高，对于教师提出的问题和布置的作业根本不能很好地完成，任课教师也普遍反映上课难、效果差的问题。究其原因有如下几点：学生基础差，缺乏积极性；英语课形式单一，缺乏兴趣；教师一味强调过级，缺少与学生的互动等。

　　因此为从根本上解决以上问题，笔者建议从统整EGP+ESP课程模式出发，实行2+2模式的大学英语课程结构，即一年EGP课程，一年ESP课程，大一EGP模式重在培养学生基础语言运用能力，大二根据学生所学专业开设专业英语课程，把语言知识与未来的期望工作相结合，满足社会对应用型及复合型人才的需求。全校从大二开始普遍推广ESP课程，使EGP与ESP有机整合，既有利于改变英语课程的单一形式，又有利于调动学生学习的兴趣，教师在此过程中也能进一步提高其业务水平和技能。

　　研究基于信息技术的EGP+ESP课程模式的教学策略与方法。EGP+ESP课程模式是将信息技术有效地融合于大学英语的教学中，以实现一种能充分体现学生主体地位的、以"自主、探究、合作"为特征的新型学习方式，使信息技术与课程整合。其本质是要改变传统的"以教师为中心"的教学结构，构建一种新型的"主导—主体相结合"的教学结构。

这种基于"信息技术与课程整合"的混合式学习是"以学为主"和"以教为主"这两种教学模式的有机融合，可称之为整合式混合学习（integrated blended learning）。信息技术与EGP+ESP课程的整合，就是将信息技术与上述各要素融合起来，经过精心的教学设计，形成新的教学结构，以改善教学过程，提高教学效果。

在网络信息平台基础上探索EGP+ESP课程模式下培养学生自主学习能力的新路径。西部高校良好的网络信息平台、丰富的多媒体课件、试题库、英语学习网站等丰富的课程资源可以将英语教学形成分为EGP自主学习，EGP+ESP网络交互学习、EGP+ESP课堂面授学习三个模块，通过"课下学习、课上展示"以现代信息技术为支撑，使英语教学更加个性化、自由化和主动化，使英语教学向实用性、文化性和趣味性融合，充分调动教师和学生的积极性，确立学生的主体地位。教师能帮助学生确定各个阶段的学习任务，组织学习活动，提供帮助和指导，发挥组织者、指导者、意义建构者和促进者的角色。在此基础上既能使学校设备物尽其用，教学资源得到充分发挥，又能充分调动学生的学习积极性和主动性。

四、EGP+ESP课程整合措施

构建与分级教学相匹配的大学英语EGP+ESP课程模式。西部高校在教改过程中已开始实施分级教学，但还处于初级阶段，效果并不理想，所以本项目研究希望能构建出真正与分级教学相匹配并符合西部高校的EGP+ESP课程体系，构建满足国家、社会、个人所需的基于信息技术的大学英语课程教学体系。现阶段西部高校英语教学模式还主要停留在传统模式上，而本研究将尊重大学英语课程教学规律，充分利用现代信息技术和网络技术手段，在这种全新的EGP+ESP混合教学模式下，既结合传统教学的优势又将网络学习的优势发挥到极致，现代信息技术和网络技术手段也能得到充分利用，真正实现以教师为主导、学生为主体的教学模式。在此基础上教学主体的主观能动性得到发挥，教学内容和课程体系得到完善，教学模式和手段也能进一步改革，国内高校的大学英语教学效果和质量也将会大大提高。

构建与EGP+ESP课程模式相匹配的综合评估体系。个性化的信息技术EGP+ESP混合教学模式注重的是培养学生的自主学习、合作学习能力和解决生活中实际问题的能力。这就意味着学生的认知方式和教师的教学方式、教学策略角色会跟过去有很大的变化，教师将不再是评价的唯一主体，在这种全新的课程模式下，我们应构建一个相对多元化的综合评价体系，实现评价内容、评价主体和评价工具的多元化。

第四节　信息技术支持下的大学英语智慧课堂构建

随着"互联网+"大数据时代的到来,大量新的现代信息技术开始在各行业应用起来,给教育行业带来了冲击和新的变革契机。大学英语作为高等教育的重要组成部分和大学生必修的基础课程,面临着新时期的挑战。学生对其满意程度有所降低,究其原因如下:大学英语教学内容与中学英语相似,教学理念和教学方法比较传统,丰富多样的网络教学资源使教师不再具有以往的吸引力。如何使大学英语教学符合时代发展趋势,更好地满足学生需求,成为英语教育者研究的重点。

一、智慧课堂概述

智慧课堂是当前教育界新兴的研究课题,它从教学理念和教学方法上突破了传统教学模式,吸引了越来越多研究者的关注。智慧课堂有两方面的含义:

一是课堂智能化。当前的多媒体教学主要采用传统网络、台式计算机和投影仪,把教学内容以图片、文字、声音和视频等多种形式展示给学生,扩大了课堂教学信息量,吸引了学生的注意力。然而,它存在一些弊端和不足之处:教师过分注重课件,忽略板书和师生交流;课件的快节奏切换使学生容易产生疲劳、没有时间思考,记笔记速度难以跟上;投影仪的效果和教室里不同的位置会影响到观看课件;课堂学习没有延伸到课外等。

二是智慧课堂把先进的信息技术(无线网络、云计算、移动终端、交互式一体机、人工智能等)融入教学,创建人性化、个性化、信息化的学习环境。学生可以通过自己持有的移动终端设备,根据自己的需求自由选择合适的学习资料,不限时间、地点地进行学习以及与教师或同伴进行互动交流。此外,大数据分析技术能记录学生的学习轨迹,分析知识掌握情况,提供客观科学的数据,帮助教师做出准确的学业诊断,有针对性地调整自己的教学策略和内容,做到有的放矢,从而提高教学效果。

教学模式智慧化。中学英语教学以传递语言知识为主,大学英语若仍停留在"讲—听"层面上,教学理念和方法没有发生质的变化,很难走出当前困境。智慧教育强调培养智慧型人才,智慧不等同于知识,是思维的结果。智慧课堂以促进学生高级认知能力、思维能力和解决问题能力为教学目标,通过建立自主、合作、探究的学习模式,引发学习主体的参与、体验和互动,从而实现知识的习得和思辨能力的提升。智慧课堂是信息技术、教学资源、学习环境、教学方法、思维和能力培养的有机结合体。

二、大学英语智慧课堂信息化平台的特征

教学资源共享性。信息大爆炸时代,繁多的教学资源要求大容量的存储设备,而移动

硬盘、U 盘等已经无法满足。作为新兴的网络存储技术，云存储能实现智慧课堂信息化平台庞大网络教学资源库的功能，教师把每节课的课前预习、教学课件、课后作业等资源放在云存储上，学生可以随时随地通过网络终端设备存取数据，实现教学资源的集中、开放和共享。课堂上学生通过校园 WiFi 和智能手机、PAD 等，自由选择和获取资料到自己的移动终端上，按自己的学习节奏停留、快进、后退到自己需要的内容，在此基础上修改形成个性化笔记，从而解决看不清课件以及被动学习的问题。

个性化泛在学习平台。由于移动网络技术的快速发展，智慧课堂信息化平台能让学生不再受课堂、台式电脑、图书馆等时间和空间的限制，随时随地获取信息和学习知识，并且将学习资源根据知识点设计成微小单元（一篇短文或者三五分钟视频），因此学习状态可以是非长时间和连续性的，任何零碎时间都可以利用起来。这样课堂学习就可以延展到课前和课后，学生根据自身的需求接入需要的学习信息，学习过程以自我为导向，满足了个性化学习、自主学习和终身学习的需求。

交互性。学习的本质不是单向地从教师到学生的知识传递，而应是双向的、交流的、沟通的过程。智慧课堂上，学生在教师的引导下进行社会性学习，完成知识构建、情感培养、能力发展。智慧课堂信息化平台的交互功能弥补传统教学中师生之间的沟通不足，允许师生之间以文字、图片、语音、视频等多种形式进行即时通信。教师通过平台进行点名、通知、答疑、个别辅导，学生与学生之间围绕学习问题进行头脑风暴、交流、讨论，可以实现投票、问卷等互动。

数据统计分析。每位学生的每次学习情况长期积累下来就形成大数据。云技术除储存外，最主要是对大数据进行计算和处理。教师把学习资料、习题等上传到平台，系统对学生的学习行为进行跟踪记录，自动改卷，统计各个题目的得分情况，即时反馈信息等。基于数据统计分析结果，教师能清楚掌握每位学生的学习情况，反思前面的教学实践，做出准确的学情分析，增强教学内容的方向性和针对性，调整教学难度和广度，采取合适的教学策略。

三、大学英语课堂教学模式智慧化

启发式教学。课堂上，教师教学应"以启发思维为主、传授知识为辅"，多给学生留思考空间，可以通过提问的形式引导学生观察和独立思考，使学生自己推理得出结论，必要的时候教师给予提示而非答案。学生通过语言现象分析社会和文化问题，以语言为媒介思考和谈论深度问题。

例如，food and drinks 是英语教材的常见话题，目的是让学生掌握食物的英语词汇以及点餐的表达方式。在这堂课的思考环节，笔者给学生展示了一些普通家庭购买一周的食物图片，让学生猜测是哪个国家的，启发学生观察文化差异，从情感培养出发，让学生表达自己对不同国家生活水平差异的感受。学生表示要感恩自己的幸福生活："Be thankful for our food." "Don't waste our food."

培养创新思维能力。突破常规思维，敢于探索和创新是个人发展的持久动力。教师要建立宽松活跃的课堂氛围，鼓励学生质疑、尝试和创新的态度。

例如，Job interviews 这个话题主要让学生熟悉和掌握工作面试流程和常见的面试问题。笔者在课堂上让学生以面试官的身份提出一些 creative questions，培养学生的创造精神。学生积极发言："If you were a bicycle, which part would you be and why?" "If you could have dinner with anyone in the world, who would you choose?"

创设真实的教学情境。教学情境能有效优化教学效果，外语学习更是如此。教师要把外语与日常学习、生活和工作环境紧密联系起来，通过体验强化感知。

例如，Advertising 让学生学会用英语谈论广告。笔者假设课堂是产品推介会，要求学生展示自己设计制作的产品海报，运用情感、逻辑、信誉三大说服技巧，在班级上做三分钟左右的推销演说，产品可以是真实的。笔者鼓励学生想象创新，使学生把语言与真实生活相结合，理论和实践相结合。

组织互动协作学习。互动协作学习中，学生会发生了解、表达、冲突、协商、决策等行为，其中的情感体验和思想交流能促进学生高层次思维能力的发展，培养学生的协作意识和创新能力。在 Disasters 话题课堂上，笔者把学生分成五人小组，假设不同身份的他们在海洋上巡游，突遇事故游轮即将下沉，而唯一的逃生工具救生艇只能承载三个人，十分钟内每位成员要努力说服别人获得逃生机会。小组活动中每位学生都愿意积极参与进来，在冲突中碰撞出智慧的火花，活跃的思维促进了丰富的语言表达。

现代信息技术的迅速发展为教育行业变革带来了机遇和挑战。在智慧教育理念指导下，智慧课堂以学生为中心，把信息技术与课内外教学融合起来，实现教学资源共享，创造智能化教学环境，利用大数据技术创新教学方法，促进学生思维能力的发展。智慧课堂的建设研究还在探索阶段，教师应加强实践，对其进行检验和完善。

第五节　信息技术支撑下的大学英语后续课程建设

随着互联网技术的发展，网络信息技术被广泛地应用于社会生活的各个方面，人与人之间的空间距离被无限缩小，沟通无处不在，地球村不再是一个理论构想。依托互联网技术的全球采购、全球互联、全球金融的发展景象也已基本实现，信息技术正在加速推进人类社会的集体转型。教育界作为科技革命的第一阵地，既是科技进步的源动力，也是科技成果的直接受益者。《国家中长期教育改革和发展规划纲要(2010—2020)》中有着非常明确的表述："信息技术对教育发展具有革命性影响，必须予以高度重视……，把教育信息化纳入国家信息化发展整体战略。……强化信息技术应用。提高教师应用信息技术水平，更新教学观念，改进教学方法，提高教学效果。鼓励学生利用信息手段主动学习、自主学习，增强运用信息技术分析解决问题的能力。"

一、大学英语后续课程建设与发展的时代背景

进入 20 世纪 90 年代中期以来,中国的学校英语教育经历了一段高速发展的黄金时期,全社会都对学生的英语教育投入了极大的关注热情。从宏观层面来看,各级教育部门纷纷加大对英语教学的投入和支持力度,英语成绩在学生的综合评价中长期保持重要占比。在各个层次的升学考试中,英语都是必考科目,甚至事业单位职称评定以及公务员的职务晋升都要经历英语能力测评。在此背景下,中国掀起了一场几乎人人学英语的学习热潮,国人的英语面貌也有了翻天覆地的变化。中国人现在不但可以与外国人用英语流利进行交流,甚至还可以用英语完成文学作品和高质量的学术论文,在世界一流的英语学术期刊上也不断地出现中国人署名的论文,在国际学术研讨会上,中国学者也能用熟练的英语完成大会发言。

与国人英语水平快速提高形成鲜明对比的是普遍存在的高校英语课程设置的日益落后现象,无法满足学生的英语学习要求。这主要体现在以下几个方面:首先,教材落后,一些大学英语教材相比较于高中英语教材只是在词汇量的要求上有差别,教材内容却大同小异,教学目标不明确,教学理念不突出;其次,教学方法落后,一些英语课程依然沿袭传统的授课方式方法,课堂教学内容依然是听、说、读、写、译的语言技能训练,以文化教学为基础的通识教育基本被忽视,学生英语学习的兴趣减弱,课堂气氛沉闷;最后,课程评价方法单一,终结性评价依然是学生成绩评定的主要手段,仅仅依靠期末考试的一纸试卷成绩显然无法全面客观地反映学生的英语学习水平。因此,大学英语课程改革势在必行。

大学英语后续课程建设是大学英语教学改革的全新有益尝试,改革后的大学英语课程体系将更加符合当代大学生的英语学习需求,大大减少了只针对听、说、读、写、译为主的语言技能训练内容,增加了学生的通识文化学习新内容,这将有助于改变传统大学英语教学费时低效的落后面貌。在通识教育逐渐回归教育本位的高等教育综合改革过程中,大学英语后续课程建设不仅是英语教育界的自我创新,也为适应中国高等教育发展的新环境和新常态奠定了良好基础。大学英语后续课程建设不仅是教学内容的改革,也是教学方法、教学技术、评价手段的全面改革,这就要求我们必须发掘互联网技术的巨大潜力,充分利用网络信息资源,与时俱进、敢于创新、推动大学英语教学改革的稳步向前。

二、信息技术与大学英语后续课程建设

大学英语后续课程建设正好发生在互联网技术全面应用于现代教育技术改革之时。因此,后续课程的建设与发展要充分利用信息技术为教学改革搭建的全新平台,不断探索新的教学内容和教学手段。

互联网的发展为更新教学内容提供最直接的信息来源。计算机网络技术融入大学英语课堂中,给英语教学带来前所未有的冲击。学生可以通过网络轻易获得教师的传统教学内

容,而且是图文并茂的更加生动的学习资源。如果英语教师还在沿袭旧法,将失去对课堂教学的掌控能力,英语课堂将会陷入教无可教、学无可学的窘境。因此,后续课程的建设必须要充分利用互联网的海量资源,实时更新教学内容,注重理论与实践相结合。与时俱进的课堂教学内容是保证课堂教学质量的基础和前提,而教材具有滞后性的特点。在信息爆炸的互联网时代,有些教材在编写时所介绍的还是全新的理论,而等到编辑出版后,里面的内容就已经过时,这必将严重损害教师教学和学生学习的热情。

信息技术为丰富教学手段提供技术支撑,计算机三大关键技术的日益成熟和完善为保障立体教学效果提供了最有力的坚强后盾。三大关键技术包含"人工智能技术、数字化技术以及信息和网络技术(artificial intelligence, digital technology, in-formation and internet technology)"。

信息技术的发展为实现大学英语的立体化教学创造了可能。大学英语教学模式逐渐由封闭式、单向性的知识与技能传播转向开放式和多向性,呈现出多元化的趋势。教学环境也呈现出开放性、交互性、协作性、多元性等特点,学生逐渐有机会在课外通过多媒体教学光盘等资源学习英语,提高英语运用能力。特别是翻转课堂、微课和慕课等全新教学手段和理念的出现,更是将信息技术在教学手段上的应用发挥到了极致。这几种教学手段的核心理念都是打破传统课堂教学在时间和空间上对于学习者的束缚,实现优质教育资源的共享,扭转教育资源分配不均衡所带来的教育公平缺失的局面。

大学英语后续课程建设不仅是教学内容建设,也是教学手段和方式的不断成熟,信息技术可以发挥显性课程和隐形课程的优势互补。通过建立网络虚拟课堂、虚拟自习室,师生之间可随时保持互动,课后作业的形式也可因此变得多种多样。甚至还可以把一部分教学内容通过虚拟教室进行讲解和答疑,这样可以提高现实课堂教学的学术价值,提高课堂教学效率,使得立体化教学不再是一纸空谈。

三、信息技术不是提高大学英语课堂教学质量的唯一手段

教学改革的顺利完成必须依靠广大一线教师的认真实践才能实现。信息技术只能是辅助教学手段,教师才是教学的根本,否则,学校教育也就失去了存在的意义。在充分享受信息技术提供的现代化教学手段的同时,也必须清醒地认识到科学技术自身的局限性。大学英语后续课程的建设少不了互联网信息技术的全面应用和支持,但一味夸大辅助教学手段的先进性会削弱教师在教学中应有的地位和作用。必须警惕课堂教学由过去传统的教师"一言堂"向计算机"一言堂"的转变。长此以往,教学改革也将归于失败。

"信息和网络技术带来了'虚拟教育'、数字卫星通信系统、移动数字通信系统、互联网及其他网络具有覆盖面广、资源广泛共享、时空超越限制等特点。信息和网络技术使学习过程的互动性和自主性成为现实,学校没有了围墙,师生转变了传统的教学观念,这一切为大学外语课堂教学的发展带来了新的契机。"一方面要积极投身教学改革,学习全新

教学手段，实现教学理念和教学方式的不断更新升级；另一方面，也要合理规划，坚持教师在教学中的应有地位和作用，建构科学合理的网络教学生态环境，保持信息化网络教学的生态平衡。

大学英语后续课程建设还必须坚持以人为本，关注学生与教师的情感建设，不能用科技进步代替人文关怀与心灵沟通。从师资培养的角度来说，广大的英语教师需要一段时间的系统性学习和实践才能熟练掌握并应用互联网多媒体教学技术，在这一过程中，学校应对英语教师开展技术培训，并给予政策鼓励，吸引广大学英语语教师积极投身到教育改革实践中来。特别要保护好英语教师参与教学改革的积极性，灌输正确理念，确保教师在教学改革中的核心地位。此外，多媒体教学信息平台的建设不能取代师生之间面对面的交流和沟通，教师在课堂上应充分发挥教学引导作用，以学生为中心，进行互动话题讨论，培养学生的批判性思维能力和独立思考能力，彻底改变长久以来"填鸭式"教学所形成的学生被动式接受和被动式学习的教学方法。学生的创新意识和创新能力将在这一良好氛围中得到培养和升华，进而为学生的大学英语课程后续学习和能力发展奠定坚实基础。

第六节　信息技术环境下大学英语教学资源整合

一、信息技术环境下大学英语资源整合的背景

在《基础教育课程改革纲要（试行）》中，教育部重点提出："大力推进信息技术在教学过程中的普遍应用，促进信息技术与学科课程的整合，逐步实现教学内容的呈现方式、学生的学习方式、教师的教学方式和师生之间互动方式的变革，充分发挥信息技术的优势，为学生的学习和发展提供丰富多彩的教育环境和有力的学习工具。"2015年7月27日，在《关于深化职业教育教学改革全面提高人才培养质量的若干意见》中，教育部又指出："要积极推动信息技术环境中教师角色、教育理念、教学观念、教学内容、教学方法以及教学评价等方面的变革。"可以看出，当前无论是政府还是教育部门都极其重视信息技术与大学英语课程的整合研究。

大学英语教学内容是集实践和技艺于一体的一门基础学科，也是一门纯理论性学科，同时还是具有集人生哲理于一体的生活体验知识课程。大学英语学习可以帮助学生扩大知识面，也可以帮助他们把握时代脉搏，提升自身文化素养。但目前由于各类院校虽已投入大量资金购买或添置信息化设备，但由于教师信息化技术利用水平总体不高，在很大程度上阻碍了信息技术与英语教学资源的整合，进而影响了教学质量，使得教学达不到预期效果。

大学英语作为大学类院校一门必修类的课程，在大学基础课程教学中占有很重要的地

位。目前大学英语课堂教学主要以大班形式授课，教师在台上讲，全班学生在下面听，多数学生都是被动的接受者。然而随着"一带一路"倡议的实施和推进，我国与世界各国之间的文化和经济交流日益频繁，对英语人才的需求也日益激烈，但是目前大多数学生英语基础薄弱，都普遍反映听不懂，没兴趣。加之，教师没有很好地组织英语课堂、提供良好的学习环境，也没有营造良好的学习氛围，导致学生大大降低了对英语学习的兴趣。此外，很多教师在教学实施中，都不会使用信息技术组织和开展教学，这使得教学效果很不如人意。

二、信息化背景下大学英语教学资源整合的理论基础

人本主义学习理论。人本主义心理学是以学生为中心，强调学习者为主体，其学习观点是必须尊重学习者。其始终相信真正的学习者是能自己提升自己，开发潜能，并最终达到"自我实现"的目的；同时要建立良好的师生关系，培养情感，创设良好的学习情境，帮助学生自我实现，培养自主学习能力。

在教学过程中，教师应当尊重差异，遵循学生发展成长规律，以学生为主体，充分调动学生学习的主动性和积极性，培养教师和学生和谐、融洽的关系，这无疑对克服传统教学不重视学生学习的主动性的弊端有很大的帮助。

建构主义学习理论。建构主义学习理论认为学习是在一定的文化背景或情景下，通过学习者之间合作，运用已学的知识，对已有的信息进行新的知识建构。

在学习过程中，一方面学习者以已有的知识经验为基础，通过对外界的了解和观察，对新获取的信息进行加工处理，以达到对新信息意义的建构；另一方面，学习者对新信息理解后又要对自己原有的经验进行改造和重组，获取新的意义。

建构主义核心思想就是以学生为中心，其中以知识建构、创造力和信息处理为核心，遵循学习规律，与英语教学资源整合的要求相吻合，倡导以学生为主体，协作学习为基础的大学英语教学模式。

三、大学英语教学资源整合策略

整合线上学习资源，建立信息化自主学习平台。随着"一带一路"倡议的实施，大学英语教育在信息化环境下的教学任务就是要为社会经济发展培养复合型应用人才，培养符合沿线国家经济贸易往来需求的各种专业性人才。大学英语教学应当利用学科专业知识培养技能型人才，使学生学习英语知识更加具有针对性。信息技术具有交互性、开放性、丰富性等特点，在信息化发展迅速的时代，大学英语教学应充分发挥其优势，为学生提供丰富的教学资源。

信息化技术为大学英语教学提供了现代化有效的教学方法，通过利用现代化教学网络平台，结合所在高校大学英语教学实际情况，建立一个资源丰富的信息技术英语自主学习

资源整合平台，以声音、微课录制和教学视频等制作资料，创设一个真实存在的学习资源库。在库中，可以整合大学英语历年的真题、预测题和英语等级相关试听材料，也可以增添一些关于国外文化、"一带一路"沿线国家社会习俗和背景以及英文时政或新闻等内容，不仅帮助学习者开阔了眼界、增长了见闻，还让他们在学习的过程中利用碎片化时间提高了自主学习的能力。

创新教学模式，培养学习者自主学习能力。信息化教学是一种全新的教学模式，在大学英语教学中，要设计出全新的信息教学模式，应巧妙灵活地运用各种信息化教学手段，以学生作为课堂主体，达到培养学生的自学能力与表达能力为目的。教师在导入新课环节中，可以根据不同的教学内容和侧重点，在分析学习目标和拓展教学内容的基础上，凭借信息资源的丰富性与交互性，从不同角度为学生提供各种信息化教育资源，激发学生学习兴趣，提高英语学习水平。

教学过程中，教师可以使用目前流行的翻转课堂教学法。教师通过网络平台将要学习的资料上传至云端，内容定期更新和丰富，尽可能选择学生感兴趣的话题，让学生主动参与去学，而且学生也可以根据个人情况和时间自助学习和选择性地关注。此外，教师可对教学内容进行整理和分类，为学生创建有趣的英文学习情境，可根据教学需要结合教学实际，积极探索和寻找有利于创设教学情境的英语教学资源，如电影、话剧和主题内容等，促进学习者的积极性和主动性，使学习者在真实的英语情境中，主动参与学习。

提高教师教学业务水平，丰富信息化教学方法。信息化时代环境下，各类大学院校虽已配备了各种各样的信息化教学设备，硬件资源条件也有相应的开发，但与之相对应的是教师信息化教学设备技术利用能力则较薄弱且匮乏。在信息化教学发展的过程中，为了充分发挥广大教师在信息化技术使用中的优势和参与程度，使得信息技术与教学实际能够有效地结合，学校要不定期对教师进行相关的整合式信息技术的培训，鼓励教师开发教学软件并应用于教学。同时，教师开发相对应的教学软件资源充分利用于课堂，丰富自身课堂所采用信息化软件资源的开发和利用，不断改进信息化教学方式，使教师能达到教育教学效果的目标。

信息化背景下高校英语教学资源的有效整合，是符合当今时代潮流的主流教学模式，已逐渐成为现代化信息技术教学未来发展的必然方向。通过线上教学资源整合和更新、教学模式不断创新、加强教师信息化教学能力培训，就能有效地整合大学英语教学资源，不断丰富网络教学资源，促进学生英语应用能力的提升，为社会发展培养一批复合型人才贡献力量。

第七节　基于教育信息化的英语专业核心课程改革研究

在大数据、云计算、移动互联网的新常态下，教育信息化时代已经来临，对传统的教育思想、观念、模式、内容和方法产生了巨大冲击，带来了教育形式和学习方式的重大变革。随着信息技术的普及与发展，"互联网＋教育"驱动高校教学改革步伐不断加快，"翻转课堂、混合式教学、MOOC、微课"等新的信息化教学模式和教学手段不断涌现，信息化教学设计变得越来越重要，直接影响着新的教学模式的实施和教学效果的体现。《高等学校英语专业本科教学质量国家标准》也指出，英语专业核心课程应着力培养学生具有良好的综合素质、扎实的英语语言基本功。教学中应合理使用现代教育技术，注重实际教学效果，确保提高教学质量。为紧跟时代发展趋势，贯彻国家教育改革需求，推动高校专业课程改革实效，本研究以"学生中心，产出导向"的新理念为指导，采用文献研究和个案研究相结合的方式，着力解决如何将信息技术融入英语专业核心课程（综合英语）教学改革中，以保证课程目标有效达成。

一、课程信息化改革背景

《综合英语》是高校英语专业基础阶段（一、二年级）的一门核心必修课，旨在训练学生英语听说读写基本功，提升学生专业素养。目前，一些高校同类课程（《基础英语》《精读》等）在大班教学的生态限制下，教学模式依然沿用传统模式，以教师为中心，注重对语言词法、句法和篇章结构进行分析讲解，因此学生英语语言实践机会甚少，英语综合技能提高不明显，未能满足新时代国家和社会对英语专业人才的要求和需求。主要问题如下：

1) 采用以教师为中心的语法翻译、词句训练模式。教师围绕教材配套的教学 PPT 开展教学，课堂讲授比重大，学习者语言技能训练较少。

2) 教学偏重培养阅读能力，忽略听说读写能力间的有机融合。

3) 课程教学目标注重实现语言目标，而对非语言目标如学习者的思辨能力、人文素养、信息素养等重视不够，甚至缺失。

4) 教师对学习者的课后学习支持不力，第二课堂语言实践平台未聚合力。学习者利用新媒体、网络等信息技术进行个性化学习和研究机会少。

在这样的背景下，以重庆市某应用型本科院校为研究个案，根据其办学定位和"双一流"建设目标，选取英语专业《综合英语》课程作为改革试点课程，力图找到以下问题的答案。

①基于教育信息化的《综合英语》课程教学改革理论依据有哪些？
②《综合英语》课程信息化教学设计怎样实现？
③《综合英语》课程信息化教学设计产出如何？

围绕研究问题，研究团队制订了详细的项目实施方案，明确目标，分配任务，落实责任，分工合作，稳步推进。项目主持人负责研究工作的统筹协调，通过文献研读和教学实践收集和检验信息技术与外语教育整合的相关理论，为本项目聚焦的英语专业核心课程《综合英语》教学改革构建科学的理论框架。团队成员负责开展课程改革的理论探索和实践运用，有的教师从认知语言学与外语教学角度切入，探索了认知语言学视角下的英语专业核心课程教学改革；有的教师负责调研师范专业核心课程目前存在的问题和面临的困难，思考和重构《综合英语》的课程标准和课程体系化建设；有的教师负责本项目的教学改革实践，开展了相关调研，获得了课程研究数据；还有的教师负责本项目的数据挖掘和后期课程资源建设，对相关课程研究数据进行了整理分析。

研究主要采用问卷调查、访谈、实证研究等方法。问卷调查法，针对参与《综合英语》信息化教学设计改革的学生以问卷方式收集其对翻转课堂、产出导向教学设计和实施的感受、体会、经验、建议等信息，然后回收整理、统计和研究。访谈法，通过抽取参与教学改革实验的学生，交谈对信息化翻转学习、信息化测试与讨论、信息化项目训练的心得体会或感受建议。实证研究法，依据国内外翻转课堂、产出导向的相关科学理论和教学实践的需要，利用多媒体、网络平台等手段，在自然教学条件下，有目的、有步骤地实施《综合英语》信息化教学，同时观察、记录、测定教学过程中条件与现象之间的因果关系。在各研究方法获得的研究结果的基础上，提出了基于本研究话题的信息化教学设计模型。

为检验研究模型实践应用效果，研究选取2017级英语师范，2017级、2018级全科英语专长班的《综合英语3》进行教学改革实验，获得了从理论到实践的教学发现和应用成果。

二、课程信息化改革理据和模型

（一）基于教育信息化的《综合英语》课程教学改革理论依据

通过文献研读和分析归纳，研究找到了翻转课堂教学模式和学习成果导向教育两大理论依据，以此来支撑基于教育信息化的《综合英语》课程教学改革。

1. 翻转课堂教学模式

翻转课堂教学最早于2011年在美国课堂中出现，并取得了良好的反响。这一教学方式的运用完全颠覆传统的教学模式，改变了以往教师讲授、学生被动接受知识的情况，且通过翻转课堂的运用，学生能更为自主地进行学习。

作为混合式教学设计的典型代表，该模式以建构主义为指导，信息技术为依托，采取了课前教师准备以微视频为主的线上资源、学生自主学习的形式并达成传统课堂中教师讲授效果，课中教师引导、学生协作互动并完成知识的内化，课后教师反思、学生巩固学习的教学方式。

在当代高校英语教学中，运用翻转课堂教学模式能够有效帮助大学生更好地学习英语，且在学习模式上也更为灵活。它具有三大优势：第一，该教学模式的出现及有效运用使学生在教学中的主体地位凸显，不再是被动接受的一方，有效激发了学生的学习自主性。第二，应用翻转课堂教学需要教师更新教学观念，且此模式对教师应用新媒体教学技术、信息化技术有着更高的要求，迫使教师为了提高教学质量而不断去学习信息技术。高校英语教师的信息化技术得到提升之后，通过备课、整合教学资源、借鉴网络中的教学资源来为学生整理出更为优质的英语课程。第三，将翻转课堂教学运用于高校英语教学中，学生可以利用课前时间来进行预习，然后在对课程进行学习之后，对于整节课的知识点也会有更为深刻的理解。在教学进行期间，学生与教师的交流时间也会相应增多，学生对于自己不懂的知识点也能够尽早与教师交流，在最短时间内解除疑惑，进而达到对知识点的细化与深入理解。

2. 学习成果导向教育

产出导向 (Outcome-based Education，OBE) 的教育理念倡导每一位学习者都会获得成功，强调首先要明确"学生在专业领域应具有何种能力，并围绕具体能力指向设计教学目标、课程组织、教师教学以及教学评价的框架体系"。学生在专业领域所获得的能力正是其学习成果的体现，学习成果并非只是学习成绩或学习的暂时表现，也不仅是学生所了解的内容，而是学生经过有效的学习后所掌握的能够将所学知识应用于实际的能力和学习过程中塑造的价值观及形成的思维等。学生的学习成果决定了教学设计和教学实施的目标。而基于 OBE 教育理念的教学与传统的教学正好相反，它要求教师在明确学习产出的前提下进行反向教学设计，根据能力指标点来确定课程的教学目标、课程体系、教学策略和教学的适切性，使教学目标与能力指标相一致，从而促进学生成功地达到能力指标的要求，真正提高教学的质量。

OBE 的三大核心理念是"以学生为中心"、"以成果为导向"和"持续改进"。因此，OBE 教学理念下的教学应首先明确课程目标，其次确定实现课程目标的教学策略，最后要对学习成效进行有效的评价，从而形成"定义学习成果目标—创设学习目标达成途径—评估学习成效产出"的可持续闭环。将 OBE 教学理念运用到教学之中，可以培养学生的自主学习能力，提高教师的教学能力，最重要的是可以有效地控制教学监督环节和教学质量。

（二）《综合英语》信息化教学设计模型

根据文献研究分析结果，结合《综合英语》课程实践现状和问题反思，本研究提出目标导向下的《综合英语》信息化教学设计模型 (L-PDP Model)（如图 4-1）。从模型图可知，信息化教学设计围绕课程标准和学习产出目标，按照教学三个重要环节，分别实施不同的信息化教学设计：课前信息化翻转学习 (Technology Driven Flipped Learning)、课中信息化测试与讨论 (Technology Driven Quizzing and Discussing)、课后信息化项目训练 (Technology Driven Project Training)。模型从课前环节开始，到课后环节，再回到课前，循环流动，形成闭环。每个环节都体现以学习者为中心，通过信息化的任务和活动驱动，以促成学习目标实现。

课前信息化翻转学习目标是让学生掌握单元话题的基本信息，包括英语词汇和相关句式。教师在网上学习平台投放学习文本、音视频材料，学生根据学习要求在平台上听看或阅读材料，在技术支持的信息化环境下预习和思考学习内容。课中信息化测试与讨论环节旨在了解学生课前学习的效果和知识技能的掌握。教师通过在线英语词汇小测试、在线话题或问题研讨的教学活动，检测学生对话题信息的记忆、领会、应用、分析等能力。课后信息化项目训练主要是增强学生知识整合、知识迁移、知识创新的能力。教师通过设计基于真实情景的语言实践项目，学生借助多媒体、音频和视频、网络等技术媒介将课内学习的知识和技能融入项目操练，获得相应的学习成果。

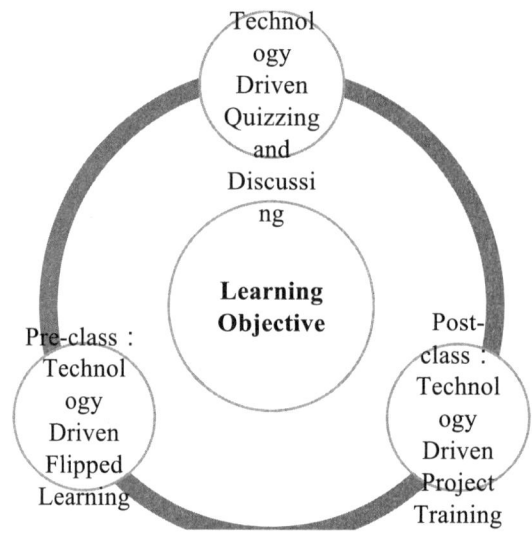

图 4-1　信息化教学设计模型（L-PDP Model）

三、课程信息化改革路径

（1）修订课程教学大纲，指导教学设计和实施

根据文献梳理和模型建构，本研究首要改革的任务是修订《综合英语》课程大纲。以《综合英语3》为例，课程团队围绕专业毕业要求，对课程目标进行完善，除英语语言知识和能力目标外，增加了课程学习非语言目标，如思辨能力、分析问题与解决问题能力、沟通合作能力、情感态度素养等。课程内容参照英语专业能力标准进行进阶式设定，改革了课程教学评价依据和标准，更加注重信息化过程性评价，如讨论、小组任务等。依托云平台，信息化形成性评价的内容和比例：平时成绩占课程总成绩40%，由技能训练（线下口语测试20）、作业（线上讨论答疑30）、论文笔记（线上视频/非视频20）、课堂表现（线上头脑风暴20）、出勤（线上考勤10）等构成。课程大纲的完善对开展课程信息化教学设计和实施奠定了基础。

（2）依照教学设计模型，实施信息化整体教学

基于L-PDP模型，课前学生在网络平台获取教师针对单元话题安排的项目学习任务，明确学习目标和学习内容，线上自主学习配套学习材料和资源，开展"翻转学习"活动。课内，学生与教师就翻转学习任务完成情况进行交流讨论，接受教师基于移动互联技术的小测试。课后，学生根据翻转学习和课堂交流讨论结果，依托信息技术完成本单元项目实

践任务，在课堂上交流展示其成果，课后将成果传至蓝墨云班交流分享。例如，课程第一单元内容为作者详细描述了自己的第一份工作面试的经历，学生通过课前翻转学习，登录云班观看英文求职面试视频，阅读面试需要的英文简历、英文求职信和求职故事，掌握基于求职话题的英文词汇句式和篇章理解和体裁等。课堂上学生利用智能手机登录网页，参加求职话题小测试（词汇选择、理解判断和单词填空题），检测学生对求职的认知和理解，接着师生讨论文本信息，交流择业观，反思评估自我求职的优劣势，将观点发布到云班互动平台。课后，学生完成个人英文简历，以线下结对或小组方式模拟求职面谈，课内展示录制的视频或现场展演，将学习结果分享给班级。通过将信息化融入教学的三个环节，学生在技术辅助语言学习的同时完成了语言的输入和输出，促进了语言的理解、迁移和应用。

（3）强化学习产出理念，确保综合性目标达成

在产出导向教育理念指导下，本研究改革的重点是学生每单元基于项目的学习产出，实现多元学习目标的达成。以第十单元为例，该材料为寓言，作者生动地描写一个虚拟城镇，因为人类过量使用化肥农药后其环境产生的惊人变化。本单元学习产出要求学生深刻理解人类与环境的依赖关系，反思如何从自己做起来保护环境，完成环境污染调查报告并向有关部门陈述研究过程和结果。完成这些目标，学生将利用信息技术开展团队项目攻关，制订研究方案，采用网上查阅资料、问卷调查、访谈分析等方法，调查校园周边或城市某个环境问题，撰写环境调查英文报告，制作PPT陈述研究结果。通过目标明确的学习产出任务，充分发挥了学习主体的主观能动性，培养了学生利用信息技术完成基于英语学习话题的知识建构、能力培养和素质养成。

四、课程信息化改革成效

（1）学生参与度获增加

学生在信息化教学设计模式引导下，课堂内外的参与度获得极大提升。首先在课前，学生个体或以小组为单位完成教师布置的信息化学习任务，其中包括网上查阅话题、观看微视频、准备陈述PPT。在课上，教师组织课前任务的呈现，如小测试、话剧表演、演讲、辩论等形式，学生运用新知识参与活动的过程是传统课堂无法实现的。在访谈中一些学生提到，信息化翻转学习和课内线上测试讨论，激活了其多感官参与英语学习，触发了其积极思考动力。同时，技术的使用增强了学习者英语学习的广度、深度和效度。学生不用再听枯燥无味的讲授和忙于记笔记，而成为课堂建构信息、勤于思辨的主角。

（2）学习产出成果丰硕

在产出导向教育理念指导下，通过运用信息化教学设计模型，经过一学年教学改革实践，本研究有效促进学生英语语言知识习得、能力和素质的养成，能力和学习产出成果较丰硕。典型成果统计表单如下所示：

表 4-1 综合英语课程信息化学习成果统计表

编号	单元话题	技能目标	产出任务	产出成果	成果形式	技术载体	成果数量
1	College Life	能对大学生学习生活用英语开展初步调查，并对调查数据归纳分析	以小组为单位拟定调研方案，包括调研主题、方法、内容、调研分析反馈等，形成英文调查报告	大学生活调查报告	调查报告电子或手稿	Word；云班发布	6份
2	Sports	能用英语概述板球体育运动	制作一份电子板球运动海报，要求运用与板球相关的语言，图文并茂	板球运动海报	电子海报	Publisher；PPT；图文软件；云班发布；	33份
3	Job	能撰写个人英文简历；能用英文在工作面谈时得体交际	撰写个人英文简历，内容和格式自定；以小组为单位开展英文工作面谈模拟并录像，进行分享交流	个人英文简历；工作面谈视频	英文简历电子稿；工作面试视频	Word；视频录制MP4；云班发布	工作简历36份；视频10个
4	Travel	能运用有关旅游的词句向外国朋友介绍重庆人文景点	与同伴角色扮演带领外国朋友参观重庆一个景点或名胜，并撰写对话文本	旅游交际对话	对话手稿	Word；云班发布	36份
5	Phone	能运用相关句式和词汇做电话交谈	与同伴结对模拟英文电话交谈，交谈内容可以是预约一起参加聚会、活动等	电话交谈	访谈录音	音频文件；云班发布	17份
6	Application	能对比介绍不同英语学习APP，发现不同的学习功能价值	以小组为单位搜索智能手机应用程序，选择并推介用于大学生的英语学习应用小程序，评价其功能和优劣势	英文学习APP小程序推介稿	演示文稿	PPT；云班发布	6份
7	Business	能策划并撰写英文创业计划书	以小组为单位开展书店策划，撰写一份英文创业计划书，内容和格式不限	书店创业策划书	创业书电子稿	Word；云班发布	6份
8	Fable	能运用英文寓言故事的文体形式和语言特点创作自己寓言故事	仿照课文创作自己的英文寓言小故事，题目、内容和寓言自拟	自创寓言故事	寓言故事电子文档	Word；云班发布	36份
9	Literature	能介绍和赏析英语文学作品	选择一部影响自己的英语文学名著，简要谈谈对作品的认识；并以小组为单位选出一部代表作，概述并赏析作品	英语名篇述评	名篇介绍文稿；名篇陈述演示稿	Word；PPT；云班发布	29份（个人）+6份（小组）
10	Poetry	能运用诗歌的行、节和韵律写简单的英语诗歌	仿照课文中的英语诗歌写出自己的一首英文诗歌，题目和内容自定	自创英语诗歌	手写或电子诗歌稿	云班发布	29份

（3）课程创新团队形成

在教学改革研究团队的通力合作和联合攻关下，团队成员迅速成长，形成了教育技术与外语学科教学整合的课程创新教师团队。研究团队中三位成员分别成功申报国家社科项目、省部级项目"基于 MINDLAB 的儿童思维能力培养课程与教具开发研究"，建成了"英语学习与思维训练"校级一流课程。

（4）学生实践能力凸显

通过信息化的综合英语课程设计、课程学习和成果产出，研究团队所教班级学生在英语口语比赛、词汇达人、英语歌曲大赛、大学生创新创业大赛等比赛中取得佳绩，获得了荣誉称号，如第二届全国师范生微课大赛特等奖、重庆市第 29 届大学生英语阅读暨 2019 外研社·国才杯全国英语阅读大赛重庆赛区比赛二等奖、重庆市普通高校 2020 年优秀学生干部，实现了信息化课程改革目标，并取得了课程改革的实效。

第五章 现代信息技术与大学英语教师教学研究

第一节 移动信息技术下大学英语教师专业发展研究

进入 21 世纪，我们深刻认识到了信息和通信技术给我们带来的巨大影响。它正在开启新的教学和学习的可能性，同时也给教师们带来了新的挑战。教师们面临着一个号召：将信息交流技术整合到自身发展中去，从国家标准、学校管理人员到家长、学生都要与信息技术与媒体相关联。为建构主义学习、转型学习和体验式学习提供了一个丰富的框架，让我们可以从信息和通信技术的角度来看待教师的发展，并对该领域的教师学习过程提供了深入的了解。建构主义者认为学习者是学习的中心，知识是由学习者构建的，真正的环境对学习者来说很重要。很多专家则认为学习是一个人的世界观的批判性反思和自我反省的过程，根据新的知识和对一个人的观点或参考系的基本重组。经验学习试图利用人类的经验作为学习过程的一部分，他们视专业发展为成人教育，不仅能帮助教师作为学习者，还能根据他们的需要、兴趣和经验自觉地协助发展。

一、英语教师专业发展内涵

在过去的十年里，大量的文学作品出现在专业发展上。根据教育资源信息中心 (ERIC) 数据库的同义词典，专业发展指的是促进职业生涯发展的活动。这些活动可能包括个人改进、深度学习、同伴合作、同行指导或评价，通过展开辩论、继续教育、学习小组，对教育学和他自己的实践发展新见解，探索对内容和资源的新理解或高级理解。在英语教师专业发展的改革过程中，大部分的研究都采用了心理学或认知心理学的方法，很大程度上忽视了教师专业成长中的社会因素。因此，就有必要从社会学和人类学的角度对大学英语教师专业发展进行研究，建立一个理论和分析框架。学习型社会的概念构成了理论框架的核心，它是对教师社会化过程中的紧张和冲突的理解，是在激进变革的背景下对教师群体的理解，特别是对学习过程的批判性回顾。个人维度，也就是教师如何通过反射学习；人际维度，也就是教师如何通过合作学习和组织维度 (部门的领导人参与教师学习)。英语教师的发展是一个不断发展和变化的过程，这是一种远比训练更难以预测或指导的策略。它高度依赖于教师个体，它整合了教学科研的各个方面，这些方面是特殊的和个人的。发展与学习氛围密切相关，它强调教师存在的态度和自我意识。

专业发展不仅仅是培训，它包含一个定义，包括以正式和非正式的方式帮助教师不仅能学习新技能，还能自己开发新的教育学见解和实践，并探索新的、先进的内容。这个定义还包括支持教师专业发展，专业发展就是用技术支持教师的研究性学习，目前的技术为应对这些挑战提供了资源，并为教师提供了一系列的支持，帮助他们在专业技能、理解和兴趣方面继续成长。

二、信息技术指导下的英语教师专业发展方向

在信息技术环境下，英语教师专业发展可以通过以下的途径实现。第一，寻求在线资深专家指导。教师经常参加由"外部专家讲授"的在线讲习班，通过在线学习，青年教师不仅得到了经验丰富的同行支持，而且还受到了来自专家的指导和来自其他学校的资深学者的指导，并得到了及时的教育和职业发展机会。同时，安排教师与资深专家互动，让年轻教师有机会谈论他们的问题和困惑，并有机会改变他们的教学行为。资深的英语教师也可以帮助年轻的英语教师以不同的方式看待教学，并为他们提供解决问题的方法，帮助青年教师成长。

第二，网站分享案例。把教科研中遇到的案例放到一个固定的专业网站上。案例研究是行为方面的深入研究。在一个周期或者一段时间内，案例研究方法提供了一个收集详细信息的机会，不是使用其他技术的研究可观察到的。英语教师可以自己学习这些案例，根据不同的目的，他们可以选择自己认为可以立即使用的案例。通过阅读、研究和分析，英语教师掌握了事实和情况，他们可以体验在现实生活中发生的各种教学情境，分析反应和策略是否合理，发现其中的因果关系，并找到解决这些问题的方法。

第三，虚拟现实。虚拟现实是一个真实的或想象的环境模拟，它可以在三维的宽度、高度和深度上进行视觉体验，并且可以在视觉上提供一种交互式体验。可以通过声音、触觉或其他形式的反馈来实现，这些都离不开信息技术的支撑。学习一门语言不仅意味着要学习语言的词汇、语法和声音，还要学习如何在不同的情况下恰当地使用语言，这取决于说话者和对话者之间的关系、情境的设置以及上下文等因素。学习不同的文化也很重要。在中国，学习英语就是学习一门外语。也就是说，英语学习者在教室的墙壁外可能很少听到或没有英语，或者他们与母语为英语的人接触可能是一种奢求。此外，语用信息往往仅限于教科书和其他课堂材料。因此，创造一个最优的英语学习环境是非常重要的，尤其是在建构主义思想的基础上。用虚拟现实，英语教师可以通过筛选、移动、旋转、触摸和其他交互的方式，构建一个虚拟图像序列。利用3D场景，根据不同的功能提供大量的短剧。这些短剧提供了对语用语言使用的非语言评论，如沮丧、高兴、惊讶和其他感觉。

在信息技术的大力发展和支持下，不光语言习得方式途径空前扩大了，英语教师的专业素养和发展也随之得到了提升。一方面，英语教师可以根据不同的文化感受不同的语言使用基础；另一方面，英语教师可以为自身的进一步发展提供生动、清晰的语言材料和语言环境。

第二节　现代信息技术背景下大学英语教师教学角色建构

信息技术教育应用经历了三个主要的发展阶段：计算机辅助教学、计算机辅助学习和信息技术与课程整合，目前信息技术教育应用正处于第三个发展阶段。在此阶段中，现代信息技术与学科课程的有效整合是发展的关键问题。随着慕课、微课等新技术的出现，现代信息技术在教学中的应用越发深入人心，大学英语教学也应顺应此教学模式，通过课程教改进入新的发展阶段。如何改革和完善传统的英语教学模式和教学结构，既能发挥英语教师的主导作用又可以充分体现学生的主体地位，是现阶段急需解决的问题，而大学英语教师教学角色的转变是解决此问题的核心。

北京师范大学何克抗教授首次引入 Blending Learning（或 Blended Learning）这一概念。其核心理念是将传统学习方式的优势和 e-Learning（数字化或网络化学习）的优势结合起来，既要发挥教师引导、启发、监控教学过程的主导作用，又要充分体现学生作为学习过程主体的主动性、积极性和创造性。在大学英语教学中，应努力争取以"教师"为中心的教学模式和以"学生"为中心的教学模式两者取长补短、相辅相成，形成更符合现代教育新理念的"主导—主体"结构的英语教学新模式。在现代信息技术背景下，大学英语教师应当积极发挥主观能动性，结合英语语言的特点，利用信息技术对大学生的影响，丰富学生的学习体验，提升学生的学习效果。

在上述教学模式的实施中，教师的主导地位显而易见。因此，在现代信息技术背景下，大学英语教师应该如何自我定位，如何发挥主导作用，是其职业发展的重要问题。

一、传统授课能力

传统课堂教学仍然是一种十分可行且有效的教学模式。正如《美国教育技术白皮书》中提到，"e-Learning 能很好地实现某些教育目标，但是不能代替传统的课堂教学"，而且"e-Learning 不会取代学校教育，但是会极大地改变课堂教学的目的和功能"。

几乎所有青年英语教师在刚入职时都会听到资深教师的叮嘱，要"站稳讲台"——看似简单的四个字，却需要长久的磨炼和沉淀才能达成。不论信息技术的发展达到何种程度，其发展对教学的影响有多深，传统授课能力始终是英语教师职业能力的基础。作为一名合格的大学英语教师，要能够：

善于分析——分析是教学活动开展的基础。分析教材内容，选择适当的素材，取舍得当；分析学生情况，了解学生的需求，因材施教；分析学科发展，了解前沿知识，融于教学；分析自身因素，明白长处短处，不断学习改进。

善于表达——表达不仅包括英语语言表达，也包括肢体表达形式及各种辅助形式。通过良好的英语语言表达，深入浅出地将复杂问题清楚化、简单化；通过各种教学示范，配合语言讲解,将课堂教学具体化、实践化;通过多媒体等各种教学辅助手段,使教学活动生动化、趣味化。

善于组织——在教学活动的组织中,英语教师应当起到主导作用,引导学生主动参与教学活动。教师还应该注重课堂互动的开展,不断优化互动方式,将学生、教学目的、教学课程、教学方法、教学环境、教学信息反馈、教师七个要素有机结合。

善于反思——反思才能进步,总结才能提高。通过每一节课的教学活动反思教学方法的使用、教学内容的选择,反思教学目的是否达成,并不断听取学生及其他教师的反馈。通过反思与总结,改进和完善语言表达、教学组织。

二、学识教研能力

由于政治、经济、文化、社会等多方面发展的影响,大学英语教学已从传统化、单一性的语言教学,转变为现代化、多元性的教学。除了语言本身的语用功能和交际功能外,英语与经济学、新闻学、政治学、计算机等多领域结合,实现了跨学科、多方位发展。因此,大学英语教师应顺应知识发展的新趋势和新特点,涉猎相关学科领域,并扩大视野。

美国高等教育和社会学教授伯顿·克拉克认为:"科研本身就是一个效率很高和非常有利的教学形式。"大学英语教师可以通过阅读学术论文、参加学术会议、参与教学研讨等方式,学习英语发展的前沿知识和英语教学方法的新动态,并将其运用于教学中。

教学能力、科研能力、创新能力等都需要通过系统培训及反复磨炼才能获得。通过参加各类教学比赛,大学英语教师可以通过锻炼教学掌控能力、培养教学思辨能力,逐步形成逻辑清晰、结构合理、行之有效的个人教学风格。同时,大学英语教师可以通过指导学生参加各类学科竞赛、毕业论文和设计及综合技能训练等,在培养学生科研创新能力的同时,自身也能够得到提升和发展。

除此之外,参与研讨会、培训课程、深造教育等方式均是大学英语教师提高专业知识及教学技能的有效方式。

三、信息技术能力

在现代信息技术与学科课程的有效整合中,熟练掌握和运用信息技术并将其与教学紧密结合,是现阶段大学英语教师的重要任务。信息技术在教学中的运用能够建构更合理、更有效的教学形式,实现多维度整合,激发学生兴趣,以提高课堂效果。

由于英语教师自身知识的局限性,现代信息技术的运用中技术含量高和专业性强的部分,如各种教学平台的技术搭建、教学软件的编制等,需要依靠专业技术人员完成。美国密歇根大学的研究表明"教学咨询人员在帮助教师解释数据在识别提高教学水平的策略方面起到了关键作用"。各级教育部门及各高校的教师发展中心,可以为教师提供多种资源支持服务,如提供教学相关的图书馆资源、教学指导、阅读期刊文献、教学中心网站链接、名师教学视频和教学中可能用到的软件等。

除了使用由专业技术人员搭建和管理的教学信息平台外，大学英语教师还可通过合理使用各类电脑和手机软件、慕课微课资源、其他网络教学资源等方式，综合使用传统教学方法与现代信息技术。

作为信息技术的产物，微信既是现代大学生日常生活必不可少的一个部分，又可以作为开展教学活动的有效手段。微信公众号发展蓬勃，影响迅速，成就了自媒体时代，这其中与英语学习相关的公众号种类繁多，能方便快捷地提供多方面信息，是英语学习的好帮手，如北民大学英语语趣微学、口袋英语精选、CGTOfficial等，英语教师可以从中了解有趣的英语小知识、英文热点等，以此作为课堂教学补充，也可以推荐给学生作为自主学习素材使用；微信公众平台始于2012年，是一个开放性的平台，英语教师可以以个人身份申请账号，并且作为教学平台使用，发布课前英语自主学习的视频、资料等，也可通过个人的公众号发布教学任务、布置作业等；微信的基本作用是交流，英语教师通过微信的聊天功能及朋友圈功能，通过英文与学生互动，答疑解惑，创造小型英语语言环境。

学生是教学活动的主体，大学英语教师的主导作用需建立在了解教学主体需求的基础上。英语教师可以通过问卷星、QQ问卷等网站，以匿名调查问卷的形式了解学生对于某个问题的掌握情况，了解学生感兴趣的话题，获得学生对于某门课程的反馈等，并可以通过数据分析，更好地调整自己的教学活动。

在现代信息技术背景下，大学英语教师在教学中并不应只是盲目提倡各种新教学方法的运用，而应将传统教学方法与现代信息技术有机结合，将多种教学理念与教学方法相结合，充分考虑学生的认知主体地位，同时重视教师自身的指导作用。在教学实践中，要有能够快速汲取新知的能力，利用现代信息技术，不断提升自身教学本领，激发学生的学习积极性，培养学生自主学习的能力，完成自身角色的建构。

第三节 信息时代大学英语教师教育信息技术应用能力探究

21世纪信息时代的到来给人们的生产、生活和学习方式带来了翻天覆地的变化。在此情势下，把计算机、网络等硬件设施和各种软件工具、通信技术应用于教学的现象也越来越普遍。我国政府在《国家中长期教育改革和发展规划纲要（2010—2020）》中明确指出"信息技术对教育发展具有革命性影响，必须予以高度重视"，要"强化信息技术应用。提高教师应用信息技术水平，更新教学观念，改进教学方法，提高教学效果"。以此为依据，教育部于2012年颁布了《教育信息化十年发展规划（2011—2020）》，指出，"高等教育信息化是促进高等教育改革创新和提高质量的有效途径，是教育信息化发展的创新前沿"，要"重点推进信息技术与高等教育的深度融合，促进教育内容、教学手段和方法现代化"。在上述纲要和规划的指导下，我国各大高校积极行动起来，大力加强对硬件和软件设施的投入，加大对教师教育信息技术应用能力的培养，在推动和发展教育信息化方面取得了很大的成效。大学英语教师也应积极顺应这一潮流，充分利用信息技术设计教学过程、开发利用学习资源、管理评价学习过程，以达到更好的教学效果。

一、提升大学英语教师教育信息技术应用能力的必要性

大学英语课程是我国高校非英语专业大学生的一门必修基础课程。其教学的主要内容包括通用英语、专门用途英语和跨文化交际三大部分。正如王守仁教授所说："大学英语具有工具性和人文性，我们要充分发掘大学英语课程丰富的人文内涵，真正实现其工具性和人文性的统一。"一方面，英语是目前国际上最通用的一门语言，是一种交流工具，开设大学英语课程的目的正是培养和提高学生对英语的实际应用能力，尤其是听说技能；另一方面，英语又是英美国家文化的载体，具有极强的人文性。因此，大学英语的教学要兼顾英语语言知识、应用技能、学习策略和跨文化交际。

《大学英语课程教学要求》明确指出，我们应当充分利用多媒体、网络技术发展带来的契机，利用网络技术等现代信息技术，使英语教学朝着个性化学习和主动式学习方向发展。《大学英语教学指南》也对大学英语教师提出了"三个主动适应"的要求，即"主动适应高等教育发展的新形势，主动适应大学英语课程体系的新要求，主动适应信息化环境下大学英语教学发展的需要"。

要做到这几项，就意味着大学英语教师必须大量使用先进的信息技术，推进基于计算机和网络的英语教学，切实提高学生的英语水平和应用能力。但是囿于其专业知识，很多大学英语教师无法跟上教育信息技术的发展步伐，他们缺乏必要的教学信息素养和教育信息应用技能。这种缺失使得他们在当前的教学中感到束手束脚、有心无力，也使他们无法更积极地投身于大学英语的课程教学改革中。因此，提升大学英语教师们的教育信息技术应用能力成为迫在眉睫的事情。

二、大学英语教师应掌握的教育信息技术能力

要切实提高大学英语教师的教育信息技术应用能力，首先就需要了解大学英语教师在教学过程中需要应用哪些信息技术，从而有针对性地对大学英语教师进行培训。经过对多位大学英语教师、信息技术专业人员的走访调查和咨询请教，笔者对大学英语教师必须具备的教育信息技术能力进行了归纳和总结。简而言之，要实现大学英语的有效教学，大学英语教师应该具备教育信息资源处理能力和教育信息课件制作能力这两大基本能力，并且在此基础上努力提高教育信息平台综合应用能力。这些能力并非独立存在，而是相辅相成的，只有掌握了它们，大学英语教师才能在工作中如虎添翼，事半功倍。

（一）教育信息资源处理能力

教育信息资源处理能力是大学英语教师对教育信息和多媒体资源进行搜索、储存、应

用和交流的能力，也是大学英语教师必须具备的初级信息技术能力。教师们可以凭借它对大学英语教学中最常用的现成文字、图片、音频和视频等信息资源和多媒体课件加以处理和利用，同时实现师生之间、同行之间的信息交流和资源共享。

信息资源搜索：在互联网发达、全球信息爆炸的今天，仅凭几本大学英语教材里的有限内容根本无法满足课程教学的基本需求。能否在有限的时间里为学生提供最适合的教学素材，是大学英语教学是否成功的一大关键。要实现这一点，大学英语教师就需要在海量的信息中寻找符合教学要求的材料并加以利用。因此，大学英语教师首先必须掌握 Internet Explorer、火狐、360、QQ 等常用的网页浏览器及 UC 等手机浏览器的使用方法，了解一些必要的搜索技巧，并且善于利用百度、360、腾讯、谷歌等搜索引擎来收集符合自身需求的信息和资源。

信息资源储存：网络资源有即时性，也有暂时性。一方面，网络信息搜索结果并不固定，第一次搜索和第二次搜索到的信息会存在很大程度上的差异；另一方面，信息资源的存在并不是永久的，它们有一定的时效性，往往经过一段时间后会失效，从而导致无法获得。基于此，大学英语教师在搜索到了所需的信息资源后，必须对它们加以储存。这可以分成下载信息资源和存储信息资源两个方面。大学英语教师可以使用浏览器和迅雷、网络快车等专业软件及各种常用的媒体软件下载所需资源，并通过纸印刷、硬盘和 U 盘、移动硬盘等移动设备，以及百度云、迅雷、腾讯等网盘对收集到的信息资源加以储存备用。

信息资源应用：能够收集和储存信息资源并非大学英语教师教育信息技术应用的最终目的。这些信息资源必须应用于教学科研，否则它们就毫无用处。大学英语教师应该能够运用 Microsoft Office、WPS Office 等常用办公软件和 ACDSee、Adobe Photoshop 等图像处理软件对文本、图片进行最基本的编辑，同时使用 Windows Media Player、QQ 影音等音频、视频播放软件来播放各种音频和视频，以实现对教育信息资源的基本利用。

信息资源交流：作为教师，与同行的交流和学生的互动是其工作的重要组成部分。大学英语教师应该能够利用网络和常用的信息交流工具来实现同行、师生之间的相互交流、资源共享、辅助教学等，主要交流工具有电子邮件、BBS、QQ 等。值得一提的是，随着智能手机的发展，手机上网成为了无法遏制的潮流，因而 QQ、微信等手机即时通信软件的使用也是大学英语教师所必须掌握的。

教育信息资源处理能力是大学英语教师应具备的最基本的教育信息技术应用能力，只有具备了它才能利用现有的教学资源和课件，胜任课程教学。但是，在当前大学英语教学模式已经从计算机辅助教学以及网络架构的自主学习平台发展到信息技术与大学英语课程深度融合这个阶段的今天，仅仅能做到"拿来"，对现成的资源进行简单利用是不够的。而且这个过程缺乏必要的创造性，无法完全把大学英语教师自身的授课特点和学生的个性有效结合。因此，在具备了这一基本能力以后，大学英语教师还必须有针对性地培养和提高教育信息课件制作能力。

（二）教育信息课件制作能力

教育信息课件制作能力指的是大学英语教师对教学素材进行加工，根据课程特点和学生水平制作个性化的多媒体课件的能力。英语教学素材丰富多彩，但是并不适合所有的教学过程与所有学生。大学英语教师需要对它们加以选择，去芜存菁，并通过有效的手段对它们加以整合，以便应用于教学。因此，掌握常用的把文字、图片、声音、视频结合在一起的多媒体制作软件，制作独具个性的教学课件也是大学英语教师不可或缺的能力。在课件制作能力中，与大学英语课程密切相关的主要是演示课件制作和视频课件制作。

演示课件制作：在大学英语课程教学中，利用多媒体教室和多媒体课件来传递语言知识和文化背景知识是大学英语教师最常用的一种教学方法。因此，如何利用工具制作出色的演示课件，能把文字、图片、音频和视频结合在一起，赋予学生多感官刺激以提高教学效果，正是大学英语教师的必备技能。大学英语教师应该能够利用 Microsoft Office PowerPoint 或 WPS 演示这些最常用的 PPT 制作软件，把各种教学资源融合在一起，制作独具特色的演示课件，来传递语言和文化知识。

视频课件制作：自从进入信息时代，为了切合大学英语课程改革的需要，翻转课堂、微课、慕课等各种与互联网和多媒体密切相关的教学方法层出不穷，其共通点就是都要制作教学视频。这给大学英语教师的教育信息技术应用能力提出了更高的要求。大学英语教师应当能够利用电脑、麦克风、录音、摄像等多媒体设备，掌握 Microsoft Office PowerPoint、超级录屏、Camtasia Studio 和爱剪辑等音频、视频录制、加工软件，以便制作视频课件，满足翻转课堂、微课、慕课等最近比较前沿的教学方式的需要。

教育信息课件制作能力是大学英语教师应具备的中级教育信息技术应用能力。只有掌握了这种能力，大学英语教师才能真正充分利用互联网和多媒体技术，把海量的知识与教学过程中的个性化紧密结合起来，成功实现大学英语课程的教学。

（三）教育信息平台综合应用能力

教育信息平台综合应用能力指的是大学英语教师能熟练运用相关的网络信息平台来整合资源、发布信息、管理学习等的能力，也可以说是大学英语教师教育信息技术应用的高级能力。在政府大力提倡教育信息化的今天，我国各高校都花大力气、斥巨资建设网络基础设施，为多媒体教学提供便利。各出版社和研发机构也顺应了这一市场需求，纷纷开发各具特色的网络学习平台供师生们使用。与此同时，随着智能手机功能的日益强大，还有越来越多基于移动端的英语学习软件和学习平台如雨后春笋般冒出来并迅速占领市场。

大学英语教师应该既可以利用如批改网、FIF 云学习平台和各种英语网站或手机 APP 等公共英语学习平台来辅助学习，也可以利用出版社研发的与教材配套使用的网络教学管理平台来实现教学管理。更重要的是，他们还应该能根据本校学生的英语水平和实际需要，参与研发和建设符合需要的网络教学管理平台。

只有具备了教育信息平台综合应用能力，大学英语教师才能真正把教学设计、课堂互动、练习辅导、作业反馈、学习评价等教学过程中互相关联的几大部分融合为一体，促进学生不受任何时间和地点限制地移动式学习和主动式学习。

正如国家主席习近平在《致第四届世界互联网大会的贺信》中指出的："当前，以信息技术为代表的新一轮科技和产业革命正在萌发，要建设网络强国、数字中国、智慧社会，推动互联网、大数据、人工智能和实体经济深度融合。"在互联网和信息技术进入人类生活中的方方面面的大背景下，大学英语教师必须顺应潮流，有针对性地提高自身的教育信息技术应用能力。只有具备了教育信息资源处理能力、教育信息课件制作能力和教育信息平台综合应用能力，大学英语教师才能真正胜任本职工作，并迎合大学英语教学改革的需要，提高教学水平和教学效率。

第四节　大学英语教师信息技术能力的自主培养及教学应用

进入21世纪，信息技术的飞速发展，不仅对人们的社会生活产生了巨大的影响，也改变了传统的教育方式。近年来，随着多媒体教室、语音室的兴建以及网络学习平台的推广使用，信息技术在大学英语教学中所发挥的作用越来越大，大学英语教师信息技术能力的不足对英语教学的影响也逐渐显露出来。因此，培养大学英语教师的信息技术能力对大学英语教学的发展及改革至关重要。

一、培养大学英语教师信息技术能力的必要性

（一）时代的需要

信息技术的飞速发展改变了传统的教育方式，而这种改变在大学教育尤其是在大学英语教学中尤为明显，这主要是因为英语作为一种语言会随着社会和科技的快速发展而产生相应的变化。随着数字化校园的快速建设，大学英语教师的信息技术能力已不能满足当前大学英语教学的需要。一名优秀的大学英语教师也应该适应时代发展的需要，不断学习现代信息技术，掌握现代化的教学手段，这既是培养高校人才的要求，也是现代化高等教育的要求，更是快速发展的信息时代对大学英语教师的要求。

（二）教师自身的需要

对于大学英语教师而言，培养和提高自身的信息技术能力也是其教学和科研的需要。在教学方面，目前的大学英语教学广泛使用多媒体教室、语音室或与教材配备的网络学习平台，这就要求教师必须熟练掌握基本的信息技术能力，如计算机的基本操作、办公软件的使用等，能够运用现代教学手段进行教学内容的准备并开展各种教学活动，如教学资料的搜集与整理、课件的制作与讲解、作业的布置与批改、指导学生使用自学平台进行学习

和自查等。

在完成教学任务的同时，大学英语教师还担负着一定的科研任务，这就要求他们需具备一定的科研能力，而进行科研的前提就是对所要研究的课题进行广泛的文献搜集和阅读，了解该课题之前的研究方向及所取得的研究成果。这也就要求教师能够熟练使用数字图书馆及各种文献网络平台，能够通过有效的搜索获取有用的文献信息，并运用各种软件对所获取的信息进行处理，还要使用分析软件对所获得的实验数据进行分析、处理，从而获得有效的研究成果。

（三）学生的需要

作为信息时代的受益人群，大学生对知识的需求不仅仅局限于课本上，特别是英语这一课程的独特性，使得英语教学不仅是单词和语法的讲解，还涉及英语国家的风俗、习惯、历史等背景知识的讲解。此外，传统的教学手段已不能满足大学生的学习需要，而现代教学手段的有效运用能够极大地提高学生学习的积极性、主动性和创造性，能提高教学效果，这就要求大学英语教师必须能够熟练运用信息技术，搜集相关知识并对其进行系统化整理，再运用多种现代教学手段对其进行讲解。

二、培养大学英语教师信息技术能力的有效途径

（一）提高意识，更新观念

要有效地培养和提高大学英语教师的信息技术能力，首先就需要提高他们对信息技术能力的意识，使他们认识到培养和提高自身信息技术能力对其教学和科研发展的重要性。只有认识到这一点，大学英语教师才会积极主动地学习和使用信息技术，更新自己的教育理念，在教学中合理运用现代信息技术，实现与英语教学的完美结合；而信息意识的滞后，则会影响大学英语教师对信息技术的接受度，不利于他们在课程的准备和教学中使用信息技术，其固有的、传统的教学理念也会阻碍其信息技术能力的培养和提高。

（二）完善设施，加强培训

教师的信息意识提高后，就需要高校为他们提供可以使用信息技术的平台。因此，高校应加大资金投入，完善自身的硬件和软件建设，为英语教学配备语言教育实训室、多媒体教室、语音室、口语室，强调提高现有设施的利用率，加强学校网络的建设，丰富校内网上资源，如校园数字化图书馆、精品课程的教学课件和视频等。

同时，高校应充分利用这些资源，定期对教师进行相关的信息技能培训，如了解基本的信息技术理论和计算机知识、熟练掌握多媒体教室和语音室中教学设备的正确操作方法，使其能够熟练使用网络工具对网上资源进行搜索、运用常见的办公软件或分析软件对其进行处理、制作教学课件或进行科学研究。高校也可以组织一些优秀多媒体课程的展示课，开展多媒体课件的评比活动，并组织教师对一些优秀的多媒体课件进行观摩，甚至对那些信息技术能力卓越的教师进行一定的物质或精神奖励，从而提高教师在教学中运用信息技

术的积极性，最终达到培养大学英语教师信息技术能力的目的。

（三）与教学实践相融合

通过培训，教师了解了相关信息技术知识，掌握了一定的信息技术能力，但还需要和课程教学进行整合，即在课程的教学过程中把信息技术、信息资源、信息方法与课程内容进行有机结合，完成既定的教学目标，以达到预期的教学效果。大学英语教师的信息技术能力与教学实践的融合是一个缓慢的过程，这要求教师在不断提高自身信息技术能力的同时，也要观察其在课程教学中的使用情况和使用效果。教师能够在教学中检验自身的信息技术能力水平，同时也能在教学中发现自身信息技术能力的不足，从而不断提高自身的信息技术水平，最终实现信息技术与教学实践的完美融合。

三、大学英语教师信息技术能力在教学中的有效应用

信息技术在英语教学中的作用，不只是用计算机替代黑板，更多的是运用现代信息技术采取现代的教学手段开展多种教学活动，其中多媒体课件和网络学习平台最为典型。

（一）多媒体课件

多媒体课件在大学英语教学中的应用极为普遍，因此，对于大学英语教师来说，多媒体课件的制作和讲解直接影响着英语教学的效果。多媒体课件的制作不是简单地将教学内容制成课件，而是要将教学内容与信息技术相结合，根据教学内容的需要和学生的特点，通过加入适当的图片、音频、视频更加生动地展现教学内容，使教学内容更加丰富充实，或对原有的课程内容重新进行编排、理清思路，突出重点难点，使教学内容更加清楚明白。

多媒体课件的讲解也不只是多媒体课件的演示，更多的是希望通过这些演示激发学生的学习兴趣，充分发挥学生的积极性、主动性和创造性。教师通过课件的演示引导学生对教学内容进行学习，学生也不再只是机械地看投影屏幕，而是积极地参与到教学中，和教师针对所演示内容进行互动。教学不再只是教师的单纯讲解和学生的被动学习，而是师生之间的良性的交流沟通，由此所达到的教学效果也超过了原有的传统教学。

（二）网络学习平台

随着数字化校园的建设，网络课程和网络学习平台也逐渐在大学得到普及。大学英语教师可以充分利用网络学习平台这一新的知识传播模式和学习方式组织教学，引导学生学习、使用网络学习平台，从而促进学生的自主学习和个性化学习，也摆脱了传统的教学时间和地点上的束缚。教师也可以通过跟进学生在学习平台上的学习进度、作业的完成情况等了解学生对学习内容的掌握程度，从而更有针对性地指导每个学生进行自主学习。

网络课程作为信息技术与教育结合的产物，实现了信息技术和教学的紧密结合，为学生提供了丰富的学习资源。网络课程大多是由专家和名师讲解，大学英语教师，特别是年轻教师，可以通过学习他们的教学方法，完善自身在教学中的不足，并在网络课程的基础上对其进行再加工，以形成具有自身特色的教学模式。这些丰富的、优质的学习资源也为

学生提供了更多的选择空间，满足了不同学生的学习需要。

随着信息技术在教学中的广泛应用，大学英语教师信息技术能力的培养显得尤为重要。教师要认识到信息技术能力在教学中的重要性，注重培养自身的信息技术能力及其在教学中的应用，从而实现信息技术与英语教学的完美结合，更好地提高自身的教学能力，以适应现代英语教学发展的需要。

第五节 大学英语教师信息技术与课程整合能力发展研究

一、大学英语教师的信息技术与课程整合能力

信息技术与大学英语课程的整合是将信息技术有效地融合于大学英语课程的教学过程，营造更为逼真的、更加生动的信息化教学环境，在教学过程中，教师和学生能充分利用丰富多样的信息资源进行自主学习、探究学习和合作学习，从根本上将传统的"以教师为中心"的课堂教学模式转变为"教师主导与学生主体相结合"的教学模式，体现出了学生的主体地位，充分调动和发挥了学生学习大学英语的主动性、积极性和创造性，同时发挥了大学英语教师在英语学习过程中的帮促作用，能提高大学英语教学的有效性。

信息技术与大学英语课程的整合可以充分发挥多元化英语信息资源的优势，利用多媒体和网络创设更为真实的学习情境，为大学英语教学提供丰富的教学手段，拓宽大学英语课程设计的范围，使大学英语教学形式多样化，有利于实现大学英语教学的根本目的，有利于提高师生的信息素养、信息意识和信息能力，为有效实现协作学习提供良好的技术基础和环境支持。信息技术与大学英语课程的全面整合不仅带来了教学方式的改变，更引发了教学理念、教学资源、教师与学生在教学活动过程中的角色转变等一系列变化，同时也对大学英语教师的专业能力，尤其是信息技术与课程整合能力提出了更高的要求。教师信息技术与课程整合能力的高低会直接影响大学英语教学信息化的效果和质量。

信息技术与大学英语课程的整合是将多媒体网络技术融入大学英语课程，形成有机的整体。在信息技术与课程整合后的大学英语教学中，教师必须有能力在教学中有效地、系统地运用信息化教学理论来指导大学英语教学，为学生的大学英语学习创设良好的信息化环境，提供多样化的教学资源，并指导学生不断探究更多的信息化学习资源。此外，还应具备先进的教学理论、方法、技能与教学媒体有效结合的能力，借助计算机和网络为核心的信息技术，激发学生综合性学习动机，提高学生自主学习、合作学习的意识和能力，从而实现教学结构与教学模式的真正变革，达到提升学生语言综合运用能力和实践能力的目标。

但是，目前大学英语教师信息技术与课程整合能力的发展还不尽如人意，究其原因，主要有以下几点：第一，大学英语教师信息技术与课程整合能力的提升主要依靠接受培训

这种方式，教师处于被动接受的状态，而且培训形式单一、针对性差、理念更新速度慢、内容缺乏系统性，导致教师缺乏学习内驱力。第二，大学英语教师主动发展意识薄弱。大学英语教师专业发展处于被动状态，许多教师认为专业发展是行政管理部门的事情，而未能认识到自主发展的重要性。第三，大学英语教师的职业倦怠状态明显。大学英语教师通常承担着大量的教学工作，同时又有科研工作，工作压力长期得不到有效的控制和缓解，从而不同程度地产生了职业倦怠，这势必会影响大学英语教学质量和水平的提升。因此，虽然大学英语信息化教学改革开展了很多年，但教师的专业发展没有得到应有的重视，教师主动加强理论修养的动力不足，大学英语教师信息技术与课程整合的能力还远远不能满足大学英语信息化教学的需求。

二、大学英语教师信息技术与课程整合能力的自主发展

（一）大学英语教师信息技术与课程整合能力自主发展的内涵

大学英语教师信息技术与课程整合能力的自主发展以大学英语教师自我发展需要为动力，是在信息化大学英语教学中不断学习、反思、更新教学理念、完善知识结构、提升教学水平的动态发展过程。教育技术的改变带来了大学英语教学的变革，在此变革中教师的教学理念起着决定性的作用，而教师的信息技术与课程整合的能力是先进的教育理念能否运用于教学实践的关键因素之一。大学英语教学信息化已经引起教学理念、教学内容、教学方法等方面的深刻变革，要实现信息技术在大学英语教学中的合理有效运用，就必须建立一支数量足够、质量合格、具有较高信息素养、能有效地将信息技术整合于大学英语课程的优质师资队伍。

（二）信息技术与课程整合能力自主发展的理论基础

终身教育理论。终身教育包括了教育的各个方面及各种范围，包括从生命运动的开始到最后结束这段时间的不断发展，也包括了在教育发展过程中的各个点与连续的各个阶段之间的有机的、内在的联系，是贯穿人一生的、全面的、持续不断的教育过程。终身教育的思想提倡教育的终身性、全民性、主体性、多样性和灵活性。其中，终身性是指教育过程的终身性，这是终身教育的最大特征；全民性是指终身教育的对象包括所有人，当然也包括大学英语教师；主体性是说终身教育强调受教育者的自主性和能动性；多样性是指终身教育的形式、内容和方法的多样化；灵活性是指学习的时间、地点、模式、方法和内容等可以根据学习者的需要和特征进行灵活调整。作为大学英语教师，在信息化教学的背景下，其自身的教育绝不应该仅仅局限于学生时代的学习，而应该是整个教育生涯必须从事的活动。随着教学理念、教学对象、教学方法及教学目标等的不断改变，大学教师也要不断地发展自身专业水平以适应不断更新的教学环境。终身教育的理念冲击着我国现有的大学英语教师教育制度，推动着可持续教师发展制度的建立以及教师终身教育体系的完善，有力地推进着大学英语教师信息技术与课程整合意识的提高以及能力的自主发展。

建构主义学习理论。建构主义认为世界是客观的，对于世界的理解和意义是每个人以自己的经验为基础来发展的。建构主义的教学观认为，在学习者主动建构意义的过程中，学生是学习的主体，教师是学生意义建构的组织者、引导者和促进者，但这并不意味着能忽视教师的作用。建构主义指导下的信息技术与大学英语课程的全面整合给教师的专业发展提出了更高的要求。教师不仅仅是传授知识，更要善于将先进的教学理念融入教学实践，为学生创设良好的学习环境，调动学生的学习积极性，激发学生的创造性思维，以保证学生学习内容、学习活动和学习方法之间的平衡。同时，建构主义的学习观认为，学习者通过新旧知识之间反复的、双向的作用来形成和调整自己的认知结构，这种作用包括"同化"和"顺应"两个方面，是"同化"和"顺应"的统一。"同化"是学习者原有认知结构对外界信息的集合，体现了知识的连续性和累积性；"顺应"是学习者在外界信息的作用下对原有知识结构的重组和改造，体现了知识的发展性和创造性。对于大学英语教师来说，建构主义学习理论为他们信息技术与课程整合能力自主发展提供了最佳的理论基础。教师在原有知识结构的基础上对新知识进行主动的、自主的构建，教师之间也可以建立"学习共同体"，结合情景化的教学和社会实践，自主探究，相互协作，更好地完成知识的构建。

（三）大学英语教师信息技术与课程整合能力自主发展的目标

根据终身教育理论与建构主义学习理论，结合目前大学英语改革的现状以及大学英语教师的专业发展情况，笔者认为，大学英语教师的信息技术与课程整合能力自主发展的目标包括以下几点：一是信息工具使用能力。其包括资料检索能力、网络通信工具的使用、信息处理能力等。二是信息获取能力。教师必须具备主动探究的意识，根据教学的需求利用信息技术去探索、收集、整理信息。三是信息处理能力。教师应该有对丰富的信息资源进行检索、筛选、鉴别和使用的能力。四是信息伦理道德修养。大学英语教师在具备相应的各项能力的同时，必须遵循相关的伦理道德规范。五是信息创新能力。教师应该具备对众多信息进行归纳、综合、评价的能力，并在此基础上对已有的信息进一步地创新。六是合作学习意识。在信息化大学英语教学环境下，教师与教师之间应能通过网络进行协作学习。七是教师的主体性和参与性。主体性保证大学英语教师能自觉、积极、有预期地提升自己的知识结构与能力；参与性保证其自主性与社会、集体、学校及学生的发展是和谐统一的。

三、大学英语教师信息技术与课程整合能力自主发展策略

（一）确立教师终身学习的理念

信息时代知识爆炸的特点促进了学习终身化的发展，信息时代涌现的丰富的技术工具也为终身学习的实现提供了更多的保障，为学习者消除了时间、地点的限制，创设了更加真实的学习环境，提供了更多学习方法和学习资源。在大学英语信息化教学改革的进程中，教师应当具备较强的终身学习意识，这是一种适合大学英语教师信息技术与课程整合能力自主发展的新的理念。该理念提倡大学英语教师主动地、终身地进行学习，倡导从多渠道、

全方位来设计、建设教师专业发展环境，以便大学英语教师在需要的时候能够进行各种形式的学习，提高自身的信息意识和信息能力，从而发展其信息技术与课程整合能力。

（二）建构教师自主学习和协作研究的共同体平台

建构大学英语教师自主学习和协作研究的共同体平台，使教师在学习和探索的过程中获得实时帮助、资源共享、交互协作等一系列的保障，强调在学习共同体中利用群体的力量来激发大学英语教师专业发展的自主意识和能力，提高教师的自我反思能力，提高教师的专业发展水平，高效地推进教师信息技术与课程整合能力的自主发展。具体来讲，教师学习共同体平台的建设包括以下两个方面：一是建构适合大学英语教师信息技术与课程整合能力提升的网络共同体平台。在网络共同体平台建设的过程中，应充分考虑教师现有的知识结构、学科背景、信息素养、学习风格、教学现状、研究方向和学习需求等因素，并形成不同种类的适合各个群体的共同体，以满足不同类型和层次的大学英语教师的信息技术与课程整合能力的发展需求。二是建立网络学习共同体的内部动力机制。多元化的网络资源以及开放共享的资源环境，必要的技术支持，生动有趣的活动设计，学习共同体成员间广泛而深入的交流与协作，及时、系统地对学习目标、学习任务、学习方法和学习成果的反思活动的开展，以及合理的评价和激励机制，都是增强大学英语教师在网络学习共同体中的学习动力的有效方法，从而能达到有效提升大学英语教师信息技术与课程整合能力的目标。

（三）开展整合式的培训

大学英语教师是信息技术与课程整合能力发展的主体，教师必须有足够的自主发展意识和自主发展能力，只有这样，才能更加高效地提升其信息技术与大学英语课程的整合能力。然而，在强调提升教师自主发展意识的同时，也不能忽视外界环境的作用，如良好的校园氛围的营造、科学的教师发展管理机制的形成、教师职业发展中心的建立、有效的实践机会的提供等。另外，可以通过对教师专业发展的培训来激发其自主发展的愿望和能力，这种培训应改变以往单一的以技术为中心的学习，无论是培训方式还是培训内容都要进一步丰富，从单纯的校内培训走向校内外结合的培训，从自主培训向合作培训发展，从技术的培训向整合技术与学科知识的培训发展，培养教师的探究能力，增强教师的创新意识和提高教师的创新能力，实现大学英语改革的可持续发展。

（四）加强教师专业发展制度建设

大学英语教师信息技术与课程整合能力的提升除了教师自主发展，还需要加强大学英语教师专业发展的制度建设。制度是大学英语教师专业发展的基础，没有制度保障就没有质量保障，就更谈不上教师信息技术与课程整合能力的自主发展。教学研究制度、教师评价制度、教师选拔和聘任制度、考核制度、奖惩制度、培训制度等一系列制度在教师制度建设中处于重要的地位。大学英语教师专业发展的制度建设一方面为教师信息技术与课程整合能力的自主发展提供了支持和保障，另一方面也有利于教师信息技术与课程整合能力的自主发展意识的提升。

第六章 信息技术与大学英语教学的创新研究

第一节 信息技术环境下大学英语任务型教学法探究

教育部 2007 年颁布的《大学英语课程教学要求》明确提出，大学英语的教学目标是"培养学生的英语综合应用能力，特别是听说能力，使他们在今后学习、工作和社会交往中能用英语有效地进行交际，同时能增强其自主学习能力，提高综合文化素养，以适应我国社会发展和国际交流的需要"。这一目标一方面强调了语言综合应用能力的培养，另一方面突出了学生自主学习能力的加强。为了实现这样的教学目标，必须从传统以教师为中心的教学模式转变为以学生为主体、教师为主导的新型教学模式。

笔者认为任务型教学法符合新型教学模式的要求，体现了以学生为主体、培养学生自主学习能力的教学理念，注重培养学生的语言应用能力和创造能力，符合了大学英语课程教学的要求。本节将通过具体案例开展信息技术环境下的大学英语任务型教学法探究。

一、任务型教学概述

（一）任务型教学法的基本概念

任务型教学法 (Task-based Approach) 的提出可追溯至 20 世纪 80 年代。英籍印度语言学家 N.S.Prabhu 当时在印度进行了一项交际教学改革实验（the Bangalore Project），首次提出了任务型教学法的使用。此后，Candlin(1987)、Long(1989)、Crookes(1993) 和 Willis(1996) 等语言学家投入任务型教学法的研究中，对其进行发展和完善。

任务型语言教学是以"任务"为单位组织语言教学的途径，以让学习者解决"任务"的形式组织教学，在完成任务的过程中，学习者需要调用已有的目的语知识，在真实而有意义的情境中进行意义创建和交流协商，从而发展目的语认知的潜力。传统语言教学法注重对语言形式与结构的掌握，而任务型语言教学法不仅注重语言技能的培养，更关注让学习者通过互动与合作获得用目标语言进行交流的能力。它是一种强调在"做中学"（learn by doing）的语言教学法，是以往"交际教学法"的进一步发展和完善。

（二）任务型教学法的基本框架

任务型教学法的系统框架有两种：一种由 Jane Willis(1996) 提出，另一种由 Peter Skehan(1998) 提出。Jane Willis 提出的框架包括三个阶段：任务前阶段（Pre-task）、任务环阶段（Task-cycle）和语言知识要点阶段（Language Focus）。Peter Skehan 提出的框架包括任务前（Pre-task）、任务中（During Task）和任务后（Post-task）三个阶段，本节将以 Jane Willis 提出的框架为例进行探讨。

在任务前（Pre-task）阶段，教师与学生共同探讨并确定教学主题，明确与主题相关的重点单词、词组，帮助学生了解教学主题和教学任务并做好学习准备，为学生创设有效的学习环境。学生可以先听一段与本堂课主题及任务相关的录音，或阅读相关材料作为导入。

在任务环（Task-cycle）阶段，首先学生使用目标语言以小组为单位完成任务，教师巡回进行监督与指导；其次学生将任务过程和学习成果形成文字，完成主题报告；最后各小组向全班展示主题报告，各小组间交流任务成果。

语言知识要点（Language Focus）阶段包括分析和操练两个部分。学生通过对所学内容进行分析，进一步关注语言的特征和形式；教师再对主题学习中出现的语言知识点进行讲解，帮助学生巩固所学语言知识。

从该框架可以看出，学生成了课堂的主体，是教学过程的主动参与者；"任务"为学生创造出真实或接近真实的语言情境，充分调动学生的学习积极性，让语言学习由被动灌输变为主动学习；在完成任务的过程中，培养学生解决问题的能力、沟通与协作的能力。教师在教学中的任务是组织学习活动、明确学习任务、激发学习动机、确保学生积极参与并完成任务，主要起着引导和监督作用。因此，任务型教学法体现了以学习者为中心、以人为本的教学理念。

二、信息技术环境下任务型教学法在大学英语教学中的应用

信息技术的发展推动了多媒体和网络教学的兴起，一方面使学生在课堂上能够获取大量语料，另一方面使学习摆脱时间和空间的限制，使学生的学习向自主化、个性化方向发展。信息技术的应用为开展以学生为中心的教学提供了良好的环境，为任务型教学的实施提供了前所未有的优势。

下面以《新世界大学英语》第一册第六单元 Great Ideas 为例，以 Jane Willis 提出的框架为基础，说明信息技术环境下任务型教学法在大学英语课堂中的运用。

（一）任务前（Pre-task）

在任务前阶段，教师为学生创设有效的学习环境，明确教学主题，并导出与主题相关词汇，确定学习任务。Jane Willis 认为，创造有效学习环境要满足三点：让学习者充分接触目的语、为学习者提供用目的语进行真实交流的机会、激发学习者的学习动机。

首先，教师引导学生确定主题范围：

Have you ever wondered what life would be like without computers, cell phones, cars, or microwaves? Throughout history, humans have developed technologies for the purpose of improving certain aspects of life. Some only stayed for a short time and disappeared, while others have stayed with humanity for many years. Which one is the most transformative to our society? Which one do you think is the most important?

据此，将本单元主题确定为 The Invention That Has Changed The World。接着，教师指导学生通过"头脑风暴"来调动学生已有的词汇储备，再结合本单元词汇部分引导学生熟悉与主题相关的重要语言点，从而促进新旧知识的重组与融合。此时，教师还可借助多媒体技术为学生提供相关文字、音频或视频材料，帮助学生了解学习任务，激发学生的学习热情，做好学习准备。

Objectives:

What is the invention? When was it invented?

Who was the inventor? Did the inventor have any other important inventions?

How has the invention changed since it was first produced?

How has the invention impacted our lives?

If the device had never existed how things would be different today?

Were there any drawbacks or undesirable effects of this invention?

教师要确保所有学生理解主题和任务目标，并把全班学生分为若干小组，小组内部明确各成员具体任务，以在后续阶段进行资料收集和整理、加工，最后完成任务报告。

（二）任务环（Task-cycle）

在任务环阶段，学生将使用目标语言与小组成员合作完成任务。任务环由任务（task）、计划（planning）和报告（reporting）三个部分组成。

首先，是任务（task）环节。学生根据自身任务要求浏览网上资源，开展独立探究，同时小组成员利用网络论坛或电子邮箱等工具互助学习，完成规定的任务目标。教师在旁提供必要的指导和重点、难点的点拨。

其次，各小组开始计划（planning）环节。在这一环节中，学生尽可能精确地用目的语表达自己的思想，小组各成员主动发言、相互合作，为下一环节的任务成果汇报做好准备。教师此时要鼓励学生的发言，并适时帮助学生发现问题、纠正错误，同时协助各小组做好汇报准备。

最后，是汇报（reporting）环节。在这一环节，各小组将以 PPT 演示文稿、网页等形式向全班展示自己的成果。教师和其他小组向汇报小组提问并进行评价，各小组共同总结经验教训、取长补短，加深对所学知识的理解。

（三）语言知识要点（Language Focus）

语言知识要点阶段是任务型教学法的最后一个阶段。在这一阶段，学生将通过分析（Analysis）和操练（Practice）两个环节强调对整个主题活动中的语言点的掌握。在任务环阶段，学生的注意力更多地集中在语言的意义上。而在语言知识要点阶段，教师将引导学生更多地关注语言的形式，包括语音、语意概念、意义和用法的分类等。在练习环节，教师引导学生进行具体的实践练习，以巩固对语言知识的掌握。练习环节可与分析环节并行，也可在分析环节之后进行。

总之，教师可以灵活运用任务型教学法的框架，利用信息技术的优势，培养学生的自主学习能力和综合语言应用能力。

在信息技术环境下开展大学英语任务型教学，将学生作为教学活动的主体，以学生的发展为本，突出对学生综合能力的培养，充分发挥学生的学习主动性，就可以取得良好的教学效果，且符合现代教学理念，值得借鉴。

第二节　信息技术环境下大学英语微课程构建

随着信息技术的不断发展，微课这种新型教育手段逐渐在教育领域兴起，在微课被广泛应用与革新的背景下，微课程应运而生，以更加系统化的教学体系促进高等教育改革的发展。英语教育作为高等教育的重要组成部分，也需要基于信息技术环境，探究微课程构建路径，以微课程内涵与意义的充分认知为基础，实施多种微课程构建策略，实现微课程全面构建，满足高校英语教学发展的需求。

一、微课程概述

微课程理念由美国教授戴维在 2008 年提出，旨在对学习者学习感受进行进一步增强。微课程核心思想为广大教师有机结合教学目标与课程内容，以微课程为知识脉冲。微课程在中国的研究开始于 2011 年，由胡铁生先生对微课程进行重新界定，认为微课程在实际课程教学中的载体主要是教学视频，微课程是根据具体教学需求与新课标标准，针对具体教学环节与知识内容，借助短小精悍的视频呈现的教学形式。但是，我国专家李玉平却认为微课程强调碎片化学习行为，其有效呈现需要依赖数字化技术，因此，教师可以借助精短小视频这一载体制作微课程，依托 5 到 10 分钟的教学视频课件，根据主题鲜明的教学知识内容，整合文字、照片与演示文稿等，开展情景教学的课程网络教学视频。微视频需要搭配相应训练资料、教学课件与教学方案等资源，将资源与自主学习平台提供给学生，构建半结构式主题性教学环境，实现学生学习主动性与积极性的更好调动，增强学生自主学习的意识，有效提升学生学习效率与教师教学效率。

二、信息技术环境下大学英语微课程构建意义

（一）促进师生互动

在信息技术环境下，大学英语教学构建微课程，具有促进师生互动、提升互动有效性的重要意义。微课程中的教学视频大多具有短小精悍的特点，能够实现师生在线交流，对传统教学空间与时间的限制进行突破，借助线上网络平台与线下课堂教学的有机结合，加强有效的师生互动，促进英语教学革新教学模式，提升教学质量。微课程中的教学视频包括语音、文字与图片等元素，大学英语教师能够借助视频元素及时纠正学生发音，并且针对具体教学知识点与学生进行探讨，提升学生学习与教师教学的整体效率，体现微课程比较鲜明的互动性。另外，信息技术不断更新发展，高校英语课程教学构建与实施微课程具备信息技术支持的条件，英语教师能够结合自身教学经验对微课程中的教学内容进行合理布置，并科学设计教学活动，通过信息技术提供的便利优势，保证教学活动可以随时随地展开。教师也可以借助网络平台实时检测与监控学生学习情况，对学生学习效果进行充分的了解，能够提升教师后续教学调整的针对性与有效性。

（二）提升教学内容针对性

在信息技术环境下构建大学英语教学微课程，能够有效提升教学内容的针对性。传统英语教学模式是学生借助教师对英语知识的讲解，对具体知识内容进行获取，但受教师个人专业教学能力与知识容量的影响，大学英语的课堂教学通常会出现部分教学内容偏离教学纲要的问题，影响英语教学质量，难以提升学生综合运用英语语言的能力。但是，构建微课程能够有效解决英语教学中的这一问题，其突破传统教学的约束，为实现大学生全面发展，教师在制作教学视频、搭配相关教学训练、设计教学环节的过程中，会借助信息技术整合网络教学资源，以图片、音频或文字的形式将这些资源融入课程教学内容中，最后，以视频的形式向学生呈现教学内容，激发学生学习兴趣，加强教学内容与课程教学要求的吻合程度。同时，学生也能够在网络学习平台对微课程内容进行反复学习与训练，针对自身不理解的部分反复观看视频与多次实践训练，有效提升学生对知识的掌握程度，使教学内容更具针对性。

三、信息技术环境下大学英语微课程构建原则

（一）信息化原则

在信息技术环境下，大学英语教学中微课程的构建原则之一是信息化原则。信息化原则主要指结合现代信息技术，融合线上与线下教学资源创设混合式语言学习情境，在英语网络教学资源充分开发的基础上，对英语教学过程进行优化，以此实现大学英语整体教学目标。在大学英语教学改革过程中，信息化原则属于英语教学必须要遵循的原则，大学英

语教学最初借助录音磁带与纸质课本呈现教学内容，但是在信息技术支持下，英语教学内容由微课载体呈现，在传统线下课程的基础上进一步发展网络在线课程，体现技术的进步与时代的发展。因此，大学英语教学构建微课程需要遵循这一原则，在微课制作、微课程设计与网络教学环境创设过程中，以信息化教学为核心，在教学全部环节渗透数字化技术，促进学生学习的自主性，提高英语教学效果。

（二）灵活性原则

灵活性原则也是大学英语教学在信息技术环境下构建微课程需要遵循的重要原则。微课程中的教学内容具有集零为整与化整为零的特点，集零为整主要指教学工作能够根据一定规则对微课中的教学元素进行整合，使其共同构成一个微课群，并且彼此之间联系紧密，以此来实现英语教学内容的全覆盖。化整为零主要指微课程中的内容能够对学生的个性化学习与碎片化学习需求进行满足，体现微课本身的颗粒化属性，这些颗粒即微课程中的教学元素，大多内容短小精悍，以具体知识点为核心展开，独立存在于英语课程教学的知识点体系中。因此，大学英语教学按照灵活性原则构建微课程，需要使其颗粒化特点得到充分发挥，同时，注重各个颗粒之间的联系，保证整个教学内容讲授的系统性与完整性，以此构建高效微课程。

（三）经济性原则

基于信息技术环境构建大学英语教学微课程，需要遵循经济性原则。在建设微课程过程中，经济性原则主要指大学英语教学凭借最小的人力投入与资金投入，获得最有效的教学效果。以微课程中的微视频制作为例，制作微课视频包括动漫制作、拍摄与录屏等制作方法，这三种制作方法的成本排列为由高到低。动漫制作需要专门技术人员支持，这些人员收费较高，因此造成这种制作方法成本较高。但录屏技术无须专业人员，英语教师可通过简单的学习就可以自行操作完成，能降低微课视频制作中的资金投入。英语教学效果与成本投入之间并非完全的正比关系，以英语教学中的情景对话呈现为例，英语教师能够借助网络视频教学资源，以搜集、筛选与比较等方式，就能够获得较高质量的视频片段，再借助录屏方法对微课视频进行制作，其产生的英语教学效果要比动漫制作的微课视频的教学效果更好，体现微课程经济性原则。

四、信息技术环境下大学英语微课程构建路径

（一）建设与利用微课程资源

在信息技术环境下，我国大学英语微课程构建，需要建设微课程资源。大学英语教育工作者需要在明确微课程标准、制订微课程实施计划的基础上，建设微课程资源。高校英语教学构建微课程应明确微课程实施计划与课程标准的授课对象，教育工作者需要清楚学生应学习与掌握哪些英语语言知识与技能，以教学进程的合理安排，促使学生学习效果达

到相对理想化的标准。微课程教学与传统课程教学相比，存在知识技能教学更精细，课时安排更灵活，主题设计更具有针对性，评价标准更加直观、客观等优势。以此为基础，大学英语建设微课程资源，需要重点建设微视频、微教案、微课件、微练习、微点评、微反思与微反馈等资源。这些资源中的微教案、微课件与微视频属于大学英语教学构建微课程过程中具体教学内容的组织形式与呈现方式，其他资源属于学生学习效果的检测与评估方式。

在建设微课资源的基础上，有效构建大学英语教学微课程也需要对这些资源进行充分利用。具体来讲，微课程资源包括微视频、微课程教学平台、教学主题相关教案、素材课件、联系测试、教学反思、学生反馈与教师点评等，这些教学资源按照一定呈现方式与组织关系，协同创造一个主题式、半结构化的资源单元应用环境。因此，微课程在大学英语教学中的构建，可以通过资源建设与利用来实现。资源利用即拿来主义，英语教师可以在现阶段的网络教学资源与网络教学平台中，对满足英语教学需求的线上资源进行筛选与获取，将其归入微课程资源库，方便教师教学时利用，这种方法具有投入少且见效快的优势。在资源创建与利用过程中，大学英语教学构建符合学校教学特色与课程教学需求的微课程，需要注重建设与利用的并举。也就是说，大学英语教学中微课程资源应结合本校英语课程教学实际，建设符合学校自身英语教学要求的微课程资源，体现出微课程构建量身定做的优势，且能够有效满足学生个性化学习的需求。建设与利用微课程资源，需要二者有机融合，对自身优势进行充分发挥的同时，相互补充，做到英语教学微课程资源的扬长避短，体现这种方法在英语教学构建微课程中的可行性。按照建设与利用在资源整体构建中的比例，建设与利用并举的方法对应多种呈现方式，即资源利用多于资源建设、资源建设多于资源利用或者二者均衡，因此，资源建设与资源利用在课程资源中的占比具有一定的变化性，需要教师结合教学实际，灵活分配二者占比。我国大多数高校在财力、物力与人力等条件的限制下，资源利用占比多高于资源建设占比，但是二者占比变化与英语教学最终效果之间并无正相关关系，只需要学校与教师结合教学实际情况，以提高教学效果为目标，恰当分配微课程资源建设与微课程资源利用的比例，实现微课程在大学英语教学中的有效构建。

（二）微课全过程应用

基于信息技术环境构建大学英语教学微课程，需要保证微课程资源在教学全部过程中的应用，使微课程覆盖学生英语学习的全过程。微课程构建的应用路径主要包含课前阶段应用、课上阶段应用与课后阶段应用，在课前阶段应用过程中，大学英语教师需要明确这一阶段微课程资源应用的主要目的为科学提出问题，引发学生自主思考，使新的英语语言知识与英语语言技能能够在该阶段被呈现。因此，教师在这一阶段制作与设计微课程教学视频、教学课件、辅助训练与反思反馈等内容时，需要紧抓学生注意力，对学生学习兴趣进行有效激发，加强微课本身的交互性，促进学生独立完成课前学习任务。微课在课上阶段的应用，需要教师以操作演练与重难点讲解为重点，对学生课前学习问题进行有效解决，这就需要微课程的制作与设计能够对学生的协作学习与集体学习起到积极的助推作用，通过教学活动的合理安排与有效呈现，使师生课上互动具备有利情境，为教师课上使用微课程资源提供便利，实现微课程在课上阶段的成功构建。微课在课后阶段的应用，旨在加强学生知识巩固与拓展。因此，课后微课程构建内容应主要包括作业点评与拓展性训练，这就需要英语教师在设计与制作微课的过程中，能保证教学语言更加简洁明了，合理安排文字疏密呈现，加强人机界面互动，以此保证微课程在课后的构建部分能够有效记录与诊断学生学习情况，从而实现微课程在大学英语课堂教学中课后阶段的有效构建。

（三）综合微课程构建方法

在建设微课程资源、全过程应用微课程的基础上，还需要教师们联合起来，对多种构建方法进行综合利用。本节以教学实验法与课程内容分析法为例，综合这两种方法构建微课程，能够保证微课程教育作用发挥的充分性，以此来实现英语教学中微课程的有效构建。课程内容分析法主要指按照语言元功能分类大学英语教学中的微课程内容，对知识点进行梳理与划分，以此为基础，保证一个知识点与一个微课对应，设计能够对高校英语课程教学内容进行全覆盖的微课群，并对微课群链接路径与内部结构进行有效规划。语言包括语篇、人际与概念三大元功能，其中概念功能主要指语言能够促使大脑对外部世界形成概念，人际功能主要指语言用于人与人之间的互动，语篇功能能够连接语言使信息构成有机整体，实现有效交际。因此，大学英语教学构建微课程需要保证微课程内容具备这三种功能：概念功能对应的词汇语法知识、人际功能对应的对话交流、语篇功能对应的阅读写作翻译，以这些内容构建三个子微课群，并且每个子微课群需要按照语言用途对下一级群主题进行进一步的确定，以此实现微课程有效构建。

在运用课程内容分析法构建微课程的基础上，大学英语教学也需要利用教学实验法检验微课程构建成效，通过教学实践能及时发现存在的问题，以此不断完善微课程构建。教学实验需要对反馈信息进行收集，反馈信息包括微课群内容设计对大学英语课程全部教学内容的覆盖情况、网络教学平台满足平台使用者与管理者的期待情况、微课程颗粒间的关联情况、微课程在英语教学全过程的应用情况等。反馈信息收集方法包括问卷调查法、测试法与数据分析法等。按照反馈信息，评估教学实验结果可包括不满意、比较满意与满意三个等级，不满意等级指在微课程实施后，学生对设定的学习任务不能完成，在具体场景下无法正常用英语进行沟通与交流；比较满意等级对应学生对学习任务能够顺利完成，并且能够独立进行场景下的英语沟通与交流；满意等级对应学生能够高质量完成学习任务，在相关场景下，能够熟练运用英语语言实现有效沟通交流。

通过对微课程实施效果的充分评估，笔者认为，学校英语教学仍需要实施微课程教学的整改，进一步设计微课程内容，强化微课程应用，以此提升微课程内容的完整性与科学性，保障微课程应用的便捷性与可行性，以实现教学效果的提升。

综上所述，在信息技术环境下，英语教师在英语教学中构建微课程，需要从理解微课程概念入手，在其意义充分分析的基础上，实施建设利用微课程资源、微课全过程应用与综合利用微课程构建方法等策略，满足大学英语教学在信息化时代有效构建微课程的革新发展需求。

第三节　大学英语课中如何实践信息技术与教学的深度融合

教育信息化是我国高校教育发展的一项重要任务，其中信息技术与教学的深度融合是高校教育信息化最直接的切入点。在我国传统的教学模式中，教师是课堂教学的中心，起着主导课堂的作用。同时，教师根据课本所设计的知识对学生进行传授，因而信息量和信息面严重受限。教师严格按照提前设定的教学计划按部就班地进行教学，导致学生没有选择，而在整个课堂学习过程中始终处于被动地位，学生的学习积极性和主动性受到忽视。因此，传统的英语教学越来越不能适应新形势的要求，必须更新观念。师生通过信息技术的使用活动，构造了新的教学环境，生成了新的教学关系，提高了人才培养的质量。

一、创设良好的语言学习环境

"注意是知识的门户""兴趣是最好的教师"，创设一种使学生主动参与、兴趣浓厚的课堂教学学习氛围是唤起学生主动参与的前提和保证。学生在愉快而轻松的学习氛围中容易积极参与教学活动，并且能激发其内在的学习要求。学生学习兴趣的提高往往离不开生动形象的教育素材，信息技术正因为其集图、文、音、像、画、照片等功能于一体，具有形声、动画兼备的优点，所以在营造氛围方面比其他媒体来得更直接、更有效。例如，在讲解 Australia 一课时，先用电脑向学生展示 kangaroo 和 koala 的视频资料，然后自然过渡到它们的原产地——Australia，介绍澳大利亚的地理位置和气候，由于直观明显，学生自己就总结出了其位置关系，而且由于该课图文并茂，学生的学习主动性极高，很多知识都是自己提炼总结出来的，所以印象深刻。

二、开展学生主动探究的各类活动

信息技术使课堂教学变得更生动、直观和快节奏。例如，教师要培养学生阅读筛选信息的能力，课程中设计了让学生介绍一个国家的环节，首先教师简单地向学生演示了怎样使用英语软件，其次给学生提供网址。最后给学生布置任务：选择自己要介绍的国家，阅读筛选信息，同时，要求学生制成 PPT 或者 Word 文稿，在全班进行交流。在整个活动中，学生要自己搜集信息，仔细阅读，并对信息进行筛选分析以符合教师的任务要求。最后编辑整理，形成成果。整个过程都是学生自主获取知识，重组有价值的资料，不仅使知识内容历久弥新，而且真正锻炼了学生的能力。课程整合的目的是让学生学会学习、学会思考，真正成为学习的主人。

三、分层教学，因材施教

辩证法告诉我们事物的发展是不平衡的，主体之间总是存在差异。由于学生受社会、家庭的影响不同，学生的个性不同，学习能力也存在差异。要想使每个学生在课堂中都有所收获，教师在备课时必须注意合理设置教学梯度，尽可能提供学习方法和学习途径的选择权，使不同层次的学生都能学有所得，让不同思路的学生都能体验学习的乐趣和成功。计算机和网络技术，使学生能够根据自己的水平和需要选择英语学习内容和学习方式，为学生的个性化学习和自主学习创造条件。信息技术与英语教学的融合，使"分层次教学"成为可能，可以最大限度地发挥学生的自主性与创造性。

四、促进交流合作、资源共享，发挥团队优势

教师之间的交流合作、资源共享：科技进步和知识爆炸使每个人的知识储备和能量都十分有限，现代英语的教学模块涉及天文、地理、历史、人文、政治、环境等各个方面，一个教师要想在短期内对所有知识都非常清楚根本不可能，而信息技术为教师之间的资源共享搭建了平台。

学生之间交流合作、资源共享：在整合的教学模式中，可安排结对交流和学习讨论，结对交流可通过抽签、自由组合或其他方式使学生组合在一起，就学习内容、方法、资源等进行交流、切磋、寻求帮助。学生按要求创设规范的文件夹，他们可以互相使用搜集到的学习资源，实现资源共享。

师生之间交流合作、资源共享：在课程整合的过程中，教师要通过互联网和其他信息源，组织和指导学生与他人合作，完成对某一主题的研究和分析，得出自己的结论或看法，并将成果与他人共享。在学习的过程中，在某一方面或领域里，学生的水平超过教师是完全有可能的，这就可以极大地激发学生的学习兴趣，对教师的积累也是有益的补充，真正做到教学相长。

五、注重电脑和网络的实际应用，融合多学科知识

实现信息技术与英语教学的高度融合，就是要鼓励教师广泛应用信息技术手段，充分利用现代信息技术和信息资源，改革教师教的方式和学生学的方法，培养学生探究、实践、思考和综合运用能力，最终达到利用信息技术改善学习的目的，让学生主动参与、增强自主探究的能力。

学生的学习离不开真实的社会生活环境，也离不开网络虚拟环境。课程整合过程中，多媒体电脑成了课余学生学习的主要辅助工具，成为学生展示自己学习成果的主要工具。学生通过网络平台，发表自己的学习成果，锻炼演讲能力，展示自我风采。学生在网上查找、

处理信息的过程中，所学到的知识、获取的信息是传统教学模式无法比拟的。学生的学习更能体现自主性，更有利于实现个性化。例如，学生在制作演示文稿或创建网站中，为获取某一方面的知识，比如"濒临灭绝的动物"，他会努力在网上查找相应的资料，读到许多原汁原味的英文文章，获得许多有关濒临灭绝的动物的知识，既扩展了知识面，又扩大学英语语阅读量和词汇量，同时，学生的计算机水平、信息处理能力也大大提高了。学生在实践过程中既达成学习英语知识的目标，又提高了处理信息、操作多媒体应用软件的能力。这种学习是自觉的、自主的，而且是探索性的。

第四节 信息技术嵌入大学英语口语课堂动态评价模式构建

借助信息技术支持课堂评价不仅停留在发挥信息技术的优势，而且要充分考虑到课堂评价活动的特点。教师需要掌握一定的课堂评价知识，做到"教、学、评"三者相融合。本研究拟借助网络自主学习平台，尝试将动态评价引入大学英语口语课堂教学评价实践，进行小规模的评估。教师可适时介入学生口语课堂评价，提供诊断性反馈，帮助学生不断发现问题、解决问题。所有的评估活动以学生为中心，加强师生、生生之间的协作对话，并开展教师评价、学生自评及同伴评价。在整个教学评价过程中、创建学生电子学习档案袋，记录学生系统学习成长过程。充分体现教学与评估相融合的评价理念。

作为国际化进程中跨文化交流的基本能力——听说能力长期以来都是我国大学生最薄弱的环节。造成我国大学生英语口语能力不强的原因既有传统教学模式的影响也有高校测评模式的制约。目前我国大学英语口语课堂还是以传统的静态评价为主，即标准化测验，以评价者为中心，偏重学习结果。信息技术应用于大学英语口语课堂评价研究仍是一片空白。因此，探索新的评价模式，鼓励教师应用信息技术，提升信息技术应用于大学英语口语课堂评价的效果，这对于提高整个大学英语口语教学，增强学生语言表达能力至关重要。

一、大学英语口语课堂评价研究现状

目前大学英语口语课堂评价模式主要聚焦在以下三大方面。

（一）聚焦口语考试的内容及其对教学的反拨作用

近年来该方面的研究主要针对现行口语教学与测试中存在的不足，以研究者所带班级为例，从测试角度构建大学英语口语测试体系并通过实证研究证明该体系对学生具有积极的反拨效应。作为评价手段之一的测试对口语教学具有非常重要的功能评价意义与指导价值，大学英语口语测试模式在国内高校口语测试实践中的推广，任务仍十分艰巨，有待全面展开规模较大的实证研究，从不同视角、不同层次、采用不同的方法开展口语测试模式研究。

（二）形成性评估的研究掀起了外语教学评价领域研究热潮

形成性评估，即在教学过程中进行的过程性和发展性评估，根据教学目标采用多种评估手段和形式，跟踪教学过程，反馈教学信息，促进学生全面发展。教育部2014年颁布的《大学英语课程教学要求》也明确倡导应用学习档案记录、课堂活动记录、访谈和座谈等形成性评估手段更科学、更全面、更合理地评价学生的学习过程和结果。针对形成性评估的研究，国外早在20世纪80年代就已开展起来，并得到了政府的高度重视和大力资助。在语言测试领域处于领先地位的美国和英国，形成性评估获得了深入的研究和发展，广泛地应用于教学实践，并不断推广和完善，且取得了较大的成功。在国内，形成性评估理论已趋于成熟并在评估实践中逐步开展起来。目前将形成性评估理念引入大学英语口语测评体系，既有理论方面的探讨也有实证方面的研究。这些研究主要批判了传统的终结性测试对口语教学的负面影响：一是评价测试形式单一；二是口语测评手段缺乏励志功能，并进一步通过实证研究证明形成性评估对于客观、全面、公正反映学生口语能力，激发学生口语表达兴趣以及学习的积极性具有一定的作用。但这些研究存在以下局限性：一是研究主要聚焦在测试的评价功能和动机激励功能。而对测试的反馈功能和诊断功能尚未有人涉足。二是借助现代信息技术发展构建大学英语口语测评体系的研究仍是一片空白。例如，基于网络的形成性评估工具的开发，这也是后续研究趋势所在。

（三）动态评价理念为我国外语教学评价注入新的生机

由于传统的静态评价忽视了学生在学习中的主体性和能动性，无法科学客观地考核学生的实际能力，因此迫切需要探索一种新的评价方式。动态评价是最近二三十年在西方兴起的一种新的交互式评估理念。这一术语是由苏联著名心理学家Luria(1961)基于其同事Vygotsky的社会文化理论提出的：该理论又称学习潜能评价，是在评价过程中通过评价者和学生的互动，尤其是在有经验的评价者的帮助下，探索和发现学生潜在发展能力的一系列评价方式的统称。这一理论在过去四十余年受到西方心理学和教育测量研究与应用领域的重视，并取得了丰硕的成果，但在外语教育领域则刚刚起步。在二语教学领域进行动态评估研究的领军人物 Matthew E.Poehner（2010）的著作 *Dynamic Assessment：A Vygotskian Approach to Understanding and Promoting L2 Development* 详细探讨了如何把动态评价用于解决学生二语发展过程中出现的问题。在我国，韩宝成先生最先对该理论及其理论基础——Vygotsky的社会文化理论，尤其是最近发展区概念进行了探究，综述了国外二语教育领域动态评价相关研究。在我国，基于动态评价理论的研究的实证研究寥寥无几，主要集中在大学英语写作和课程评价领域，然而，动态评价理论在备受关注的大学英语口语测试领域除了一篇硕士论文之外尚未有人涉足。因此，将动态评价理论引入大学英语口语教学评价从实质上提高大学生的口语表达能力至关重要。

二、信息技术嵌入大学英语口语课堂评价模式构建框架

（一）课前网络自主在线学习

随着高等教育信息化的快速发展，信息技术已深度融入教学过程并正以惊人的速度改变着高等学校外语教学的方式。然而在实践中，应用信息技术开展课堂评价探索却寥寥无几。课堂评价中，教师采用信息化方式评价学生比例较低，而且手段比较单一，课堂评价的反馈和学习者自我调节环节缺乏有效工具的支持。因此课堂评价亟须信息技术的支持。

教师事先将每节口语课讨论的话题、学习目标、学习内容、课堂学习形式及评价标准等制成小视频、文档或 PPT 加音频的形式上传到网络自主学习平台，并提供讨论话题的相关背景知识、常用句式及注意事项。学生可以根据自身实际情况进行在线自主学习，明确学习目标，了解学习内容，并将自己的疑问和困难在线反馈给教师。教师在线和学生进行交流，帮助学生答疑解难，给学生提供指导和建议。同时，教师详细记录每个学生在线自主学习完成情况，将其作为学生"电子学习档案袋"的重要内容之一。

（二）课堂小组团队合作式学习及评价

在上课前，教师将全班分为若干个小组，约四人一组，实行小组组长负责制，整个课堂教学在语音实验室进行。教师将具体的课堂教学任务通过多媒体形式呈现给学生，并讲解相关知识。学生在准备评价任务时，教师适时介入给予学生提示、建议，鼓励和引导学生发挥最大潜能。在学生完成任务后，教师给予评价，小组成员之间开展互评和自评，教师进一步给出改善建议。学生根据教师评价反馈和小组成员评价再次完善任务。这一环节是整个口语课堂评价核心环节。小组团队合作式学习及评价充分体现了 Vygotsky 的最近发展区思想。教师有针对性的教学和评价活动激发了学生的潜能并调动了其积极性。学生之间开展的评价和自评也是一种交流和学习的方式，能够取长补短。这一环节通过录音或者录取视频的方式记录学生的整个课堂活动，最后将其归入学生电子学习档案袋。

（三）课后在线评价反馈

在这一环节，教师将前两个环节学生表现整理、总结，并再次通过网络自主学习平台反馈给学生。学生不仅可以通过教师的反馈清楚地意识到自身的问题，还能看到与小组成员之间的差距，从而系统地修正学习方法，改善自身不足，不断完善进步。教师也可以借此环节完善教学方法，优化教学效果。该环节属于学生电子学习档案袋的重要内容之一。

三、信息技术嵌入大学英语口语课堂动态评价模式实现策略

（一）革新观念，与学生开展"互助式"对话

将信息技术嵌入口语课堂评价实践，教师的评价素质直接影响着技术作用的发挥。一方面，教师需要顺应时代潮流，革新观念，积极学习新技术，践行在语言教学评价中引入

信息技术。同时，教师还需要掌握动态评价相关理论知识，改变传统的测评观念，做到与时俱进。另一方面，充分发挥教师的引导作用，教师的角色不仅局限于知识的传授者、课堂的组织者，而应该以中介人和推动者的角色出现。通过线上、线下等各种形式与学生开展对话，关注学生的语言认知能力，推动学生最大化发挥潜能。

（二）提高网络自主学习监控力度

由于网络自主学习本身的自主性和分散性，教师无法全面监督学生的学习情况，只能通过后台参数监督学生，因此需要充分调动学生语言学习的积极性，培养学生自主学习能力。可以通过实行小组组长负责制，小组成员互相监督提高监控力度，同时从技术层面引入视频认证体系和指纹识别系统，节省教师和管理员监管的时间和精力。

（三）实行学生助教制，协助教师完成教学评价工作

信息技术嵌入大学英语口语课堂动态评价实践，教师需要倾注大量实践和精力，这对教师本身提出了一大挑战。可以通过为教师提供学生助教，也可以实行学生助教轮流制，帮助教师收集、整理课堂教学评价电子资料。这对学生本身也是一种锻炼，更重要的是减轻了教师负担，保证课堂评价高质量地完成。

总之，基于信息技术的外语教学已经成为21世纪高等学校外语教学的主要实践方法，信息技术融入外语教学评价体系也势在必行。信息技术融入课堂评价有助于课堂教学中"自主"和"反馈"功能的实现，然而信息技术只是作为一种手段，课堂评价能否取得良好效果关键在于课堂评价的实施理念是否有助于促进学生的学习。教师需要充分发挥信息技术的优势，提高使用多种信息化评价方式进行评价的能力，同时也要避免过度依赖信息技术而忽略人在教学中的地位。

第五节　基于信息化技术的大学英语听说实训体系设计研究

随着信息化技术的不断发展，信息化教学已经成为高等院校一种新兴的教学模式。全国各高校都在积极地建设信息化网络和数据库，并广泛地应用于各科的教学实践。信息化教学以其再现真实的情境、提供丰富的学习资源及易操作的考评条件等无可比拟的优势，被越来越多地应用于大学英语听说教学中，将信息化技术与英语听说教学整合提高学生英语听说能力已经成为趋势。

根据美国著名外语教学法专家Wilga M.Rivers的统计，在人类的言语交际活动中，听占实际时间的45%，说占实际时间的30%，合计为75%，可见听说在人类交际中的重要性。2004年大学英语课程教学要求就提出大学英语的教学目标是培养学生的英语综合应用能力，特别是听说能力。而现实情况是虽然大学生总体英语水平较高，但听说能力相对较低，存在听不懂、不敢说、说不出等诸多问题。听说实训教学相对于理论教学来说为学生提供

了更多的交际环境和操练机会，成为提高大学生英语听说能力的重要途径。

那么作为英语教育工作者，如何将信息技术与英语听说实训教学有效整合，提高学习效率和教学效果，如何利用信息化技术有效提高大学生英语听说能力呢？基于信息化技术的大学英语听说实训设计成为有待我们研究的重要课题。

一、理论基础

基于信息化技术的大学英语听说实训设计研究主要以建构主义理论、输入输出假设和任务型教学法为理论基础。

（一）建构主义理论

建构主义认为，学习者的知识是在一定的情境下借助他人的帮助，如人与人之间的协作、交流、利用必要的信息等，通过意义的建构而获得的。因此，信息化环境下的大学英语听说实训需要利用现代信息技术，通过生动的图片、声音、动画、视频等为学生创设仿真情境，帮助学生对所学知识的意义的构建；教师要指导学生利用信息化网络技术进行合作学习和相互交流，实现意义的构建。

（二）输入输出假设

克拉申认为，语言习得的关键是足量的可理解的输入，需要连续不断地有内容有趣味的大量的会话才能奏效；输入的语言材料越有趣、越关联，学习者就会在不知不觉中习得语言；在输入过程中，越焦虑，输入越少，反之，则容易得到更多的输入。除了必要的可理解性输入外，学习者必须有机会使用所学语言，这样才有可能达到流利的水平，输入和输出密不可分。所以，信息化背景下的大学英语听说实训应设计连续的、足量的、有趣的、与学生生活就业相关的实训任务，并通过网络交流减少学生实训中的焦虑和紧张，将听力与口语相结合，才能有效提高学生的听说水平。

（三）任务型教学法

任务型教学法要求教师围绕特定的交际和语言项目，设计出具体的、可操作的任务，学生通过表达、沟通、交涉、解释、询问等各种语言活动形式来完成任务，以达到学习和掌握语言的目的。Willis(1996)提出基于任务的教学框架："前期任务"—"任务操作"—"后期任务"。根据这一框架，英语听说实训应利用信息化技术对每个项目都应设置听说前期任务、听说任务实施和听说后期拓展任务三个部分，通过依次完成这三个部分，完成听说能力的训练和英语应用能力的提高。

二、大学英语听说实训体系设计

基于信息化的大学英语听说实训设计包括实训的前期准备、前期任务的设计、实训实施阶段的设计和后期拓展任务的设计。

（一）实训的前期准备

在实训前期，教师可以利用信息化技术将网络资源和教材整合，精选实训的语言项目。语言项目中的听说材料需要基于学生水平和工作过程，与工作岗位相关，具备趣味性、可理解性、可接受性、连续性和足够量的特点。例如，商务英语专业的学生毕业后就业岗位多数为商务秘书或商务助理，根据这一岗位和对应的工作过程，听说实训的项目可以从其求职面试开始，设计为求职面试、入职培训、电联客户、机场接待、宾馆预定、商务宴请、参观工厂、欢送客户等连续的听说实训项目。在实训项目中，教师可利用网络为学生提供相关的图片、音频、动画及视频，赋予项目趣味性。实训项目设置合适与否直接关系到实训目的和实训效果的实现。

（二）前期任务的设计

在每个实训项目进行前期都要精心设计实施前任务，并通过网络在该项目进行前布置给学生。实施前任务应包括与项目有关的背景知识学习、信息搜索等，并要求学生通过小组合作的方式完成，在实训项目实施前进行成果展示。通过实施前任务的完成，引导学生通过自主学习、合作学习建立相关图式，使其在项目实施时能够自然接受，没有障碍，提高学习效率。以上面的一个项目"宾馆预定"为例，在项目实施前，教师可以通过听说前任务单的形式给学生布置任务：第一，请用英语介绍不同的房间类型及宾馆设施，并附图片；第二，请介绍预订房间时常用英文表达；第三，请搜索预订宾馆的方法和注意事项。并要求小组合作，制作PPT展示。任务单通过数字化学习中心等校园网下发给学生，利用该学习中心的分组功能给学生分组，接下来学生完成上述任务，并将制作的ppt成果在班级空间展示，并进行自评和互评。在此期间，如遇到问题，学生可以在线提问，教师可在方便的时候进行解答。通过这一系列任务的完成，学生建立了宾馆预订的相关图式，在进行宾馆预订听说交际时就能容易得多。

（三）实训实施阶段的设计

实施阶段是英语听说实训设计的主体部分。这一部分的设计是整个实训设计的最重要部分。在此阶段，首先找三组同学用英语对实施前任务成果进行展示，这三组应为在数字化学习中心的班级空间里得到不同评价的三组，分别为评价最好、评价居中和评价不好的。然后教师进行补充、更正和点评。这一环节对实施前任务完成情况进行了检查，起到了监督的作用，典型成果展示起到了示范的作用，同时也帮助学生强化了与项目相关的英语词汇及表达，为项目实施做好铺垫。接下来，教师利用网络收集的相关图片、动画、音频、视频等为学生创设仿真情境，利用信息化手段将真实情境再现，激发学生的学习兴趣和积极性。将学生带入情境后，通过信息化技术设置由易到难的多层次听力理解任务，如重点词块填空、细节信息改错等，帮助学生掌握、强化相关的词汇、词块，并理解听力材料的目的。然后学生通过小组合作的方式找出该情境的功能表达，并根据大屏幕提供不同的图片或播出不同的情境开头，再次把学生带入情境，在此情境中进行仿句练习，从而可使枯燥的仿句练习变得真实而有意义。通过仿句练习，学生操练并掌握了该情境的功能表达，为口语交际的顺利进行打好基础。最后，教师创设三个左右的类似的仿真情境，要求学生自选进行模拟表演、录像，帮助学生在逼真情境下通过亲身体验吸收、内化并输出。在模拟表演后，学生进行自评和互评，教师进行总评，完成实训实施阶段的评价；学生通过观看和体验以及教师的总结，完成语言项目的学习。

（四）后期拓展任务的设计

信息化教学以先进的网络技术为英语听说实训提供了实训后期进行拓展训练的更多可能，这一阶段主要利用数字化学习中心这样的校园网完成拓展任务的设计和实施。在一个实训项目完成后，可以将学生的表演录像和更多的情境表演资源上传到数字化学习中心的班级空间，供全体学生反复观看、模仿、学习、反思，巩固和强化实训实施阶段的知识，以提高交际能力。可以根据实训主题，设置更多的拓展任务，如根据"宾馆预订"这个项目，设置讨论题目：What do you think is important when choosing hotels for guests? 1.location；2.facilities；3.service；4.rates。可以在班级空间上传相关的原声电影或英文歌曲，可激发学生练习听说的兴趣，也给学生提供了体验原汁原味英语的机会，从而进行有意义的模仿和学习。可以在班级空间上传相关的文化视频，帮助学生了解西方文化，注意中西方文化的差异，培养学生的跨文化意识。在这一过程中，学生可以在校园网上自由讨论、发表意见、小组合作完成任务、在线询问等，不受时间、空间的限制，也没有面对教师的心理障碍，使学生的听说能力得到升华，并充分地培养学生的自主学习能力。

信息化技术以其先进的多媒体技术和网络技术，为大学英语听说实训教学和学生听说能力培养提供了广阔的空间。在大学英语听说实训的设计和实施中，教师可以充分利用信息化技术，整合学习资源，设置有意义的适合学生水平的实训项目，创设真实的语言情境，布置难度各异、形式各异的听说任务，进行畅通的师生互动和学生自评、互评，设置更多的拓展任务引导学生开阔视野，培养跨文化意识和自主学习能力，全面有效地提高学生的英语听说能力。

第七章 现代信息技术与英语教学模式

第一节 基于信息技术的大学英语动态分层教学模式

随着新课改的不断推行，信息技术与高等院校教学的联合应用越来越普及。信息技术为大学英语教学模式提供更多的机遇，再加上动态分层教学的联合应用，可以提升大学英语的教学效果和教学能力，对我国大学英语教学模式的改革和创新具有重大的意义。

一、动态分层教学模式的概念及原理

动态分层教学模式就是以学生的学习情况、性格特征及学习能力为基础，将学生分成两个或多个英语水平差异较小的群体。英语教师根据群体中学生的英语学习能力布置教学任务，并以成绩为参照标准对学生进行科学的评价。这种教学方式能够满足学生的各项需求，让学生在英语学习中获得更多机会，提升学生对知识点的理解能力。动态分层教学主要分为两种教学层次，分别是显性教学层次和隐性教学层次。显性教学层次是以某个公开的标准进行排序并开展教学，没有班级的限制；而隐性教学层次主要在班级教学中开展，有助于教师开展个性化教学。在信息技术的支持下，大学英语分层式教学已经呈现一种新的教学趋势，弥补了传统教学模式的不足，最大限度减少学生差异化对教学质量的影响。

动态分层式教学模式的原理主要有三个：一是成败原理。这种理论同样适用于高等院校的教育事业中，当学生成功处理难度较大的问题后，往往会期待对难度更大的问题进行探究；当学生长时间仍未找到问题的解决方案，就会失去信心，继而产生较强烈的厌学现象。二是因材施教。我国著名的教育学家和思想学家孔子和韩愈曾主张对学生进行针对性教学，即因材施教。这种教学原理可以鉴别学生的综合素养，有计划、有目的地开展教学活动，继而提升大学的教学质量。教师在教学的过程中，不能以同一个标准要求个体差异较大的所有学生，要根据学生的能力和学习情况开展教学计划，这也成为了我国现阶段高等院校教学改革的重点要求。三是以人为本。传统的教学模式多以"填鸭式"教学为主，过于突出教师的教学地位，忽视学生在教学中的主体作用。分层式动态教学模式正好可以弥补传统教学模式的不足，将主体地位交还给学生，教学开展的所有活动都以学生为原点，

激活学生的主动性。教师在教学的过程中，应该以观察者的身份监督学生的学习状态，满足学生对教学的个性化需求；深度挖掘学生的学习潜能，对学生的三观形成进行的正确引导，以科学的手段提升学生学习大学英语的积极性，并锻炼学生的创造能力和思维能力。

二、大学英语在信息技术环境下的动态分层教学探究

（一）大学英语动态分层教学模式与信息技术融合的必要性

在信息技术构建的环境下，大学英语教学模式进行了不断的完善和突破，不再以教师的纯板书讲授为主，而是形成了新的教学模式。这种新的教学模式以信息技术为支撑，将枯燥、无味的教学知识以多样化的形式展现出来，如图片、文字、声音和录像等。学生在学习大学英语的过程中，接收到知识点有机的教学形式，为学生创造一个良好的学习环境，增加语境的真实感，吸引学生的注意力，提升学生对大学英语的学习兴趣。信息技术和分层式教学模式的融合加入，丰富了大学英语"听、说、读、写"四个主要模块的教学资源，为教师的多样化教学提供便利。例如，教师在开展听力教学时，可供学习的听力材料有《大学生体验式英语教材》《新概念大学英语教材》《大学英语听说训练教材》，增加了教师的选择难度。将分层式动态教学模式加入听力教学后，教师可以根据学生近期的听力成绩，在信息技术环境下推荐适合学习的听力教学素材。学生根据自己的学习兴趣选择适合的学习资源，最大限度开发自身的听力潜能，而且，信息技术可以为教师提供一个管理学生学习情况的平台，方便根据学生的学习现状建立档案并更新，为后期开展评价奠定基础。

（二）教学内容的动态分层

教师需要"吃透"现有的大学英语教材，以教学大纲为辅助制定各个层面的教学目标，再将教材中的主要内容进行分层式动态教学。例如，当教师开展听力教学时，学校提供的教材为《大学英语听说训练》(第三版)。这本书中的听力训练内容安排比较科学，难度呈由浅到深的模式，每个单元都由技巧练习、语言练习、口语练习和听力延伸训练四个模块组成；其中技巧练习涉及的内容较简单，包含两个模块，可以分别对学生的听力技巧和交际口语进行训练；语言练习需要学生对两个篇幅较短的文章进行理解，锻炼学生对知识点的掌控能力；口语练习是以上述文章的内容和日常交际用语为基础开展的；听力延伸训练是难度较大的课堂听力练习。教师在应用这个教材开展课堂听力训练时，需要以学生的学习能力为基础进行分层式动态教学，以成绩为参考标准将学生分为A、B、C三个层次。对于英语基础较差且学习能力较差的A组学生应该要求其完成技巧练习和语言练习，将口语练习作为延伸教学内容；对于英语基础一般且学习能力一般的B组学生应该要求其完成前三项练习，将口语练习作为延伸教学内容；对于英语基础较好且学习能力较强的C组同学应该要求其完成四项练习。长此以往，A组同学积累的基础知识点越来越多，当其能够自主完成口语练习的相关训练内容时，即可升为B组成员。而且老教师在开展教学的过程中，还需要在信息技术环境下开展上述四部分教学活动，最大限度激发学生的学习潜能，

将复杂的语法知识采用多种多样的形式深刻刻画在学生的头脑中。学生在阶段性学习的过程中，获得极大的满足感，再加上教师的正向引导和鼓励，可以有效提升学生学习大学英语的效果和能力。

（三）以学生为主体的动态分层

上文中已举例对学生的动态分层进行说明，就是根据学生的能力水平和学习需求进行分层教学。但这种分层模式并不是一直不变的，需要教师定期进行考核，不断调整各个教学层次中的人员。需要注意的是，由于大学生的荣辱心、攀比心较强，教师应该将这种层次编排尽可能地弱化，只作为自身教学时的参考标准，不要在班级中大肆宣扬。这不仅可以保障教师正常的开展教学，还可以对学生形成一种特殊的保护，防止学生出现"破罐子破摔"的不理智学习行为。

（四）作业布置的动态分层

作业的完成情况是教师评判学生学习情况的重要参考标准，也可以对学生已经学习的知识点进行巩固和训练。因此，教师在开展分层式动态作业布置时需要利用信息技术中丰富的教学资源，提升教师的教学质量和教学效率。例如，在开展大学英语写作训练时，教师可以以"春天"为主体，根据学生的学习层次，以信息技术为写作环境，布置相应的写作训练内容。学生在完成写作后发送邮件到教师的邮箱中，以提升教师的批改效率。

（五）评价机制的动态分层

评价机制在大学英语教学中占有非常重要的位置，它既可以让学生在相互交流评价中改正自身的缺点，还可以为学生学习大学英语获取新的思路。通常分为两种评价形式：一是形成性评价机制，需要参考学生的课堂状态、出勤情况及作业分数等，综合性较强；二是终结性评价机制，以学生的考试成绩为主。其中第一种评价机制常在大学英语教学过程中开展。例如，在对学生的作文进行批改时，教师在信息技术环境下让同层次的学生进行无定向相互批改，并让学生根据评价建议完善作文，实现共同进步的理想化教学。

综上所述，想要大学英语能够取得理想的教学成绩，就必须以学生的实际情况和教学进程作为基础开展分层式动态教学，创新教学模式，再加上信息技术的辅助，提升大学英语中学生和教师的需求契合度。但这种分层式动态教学在开展隐性分层教学时不宜让学生知晓，以防学生出现自卑心理，弱化教学效果。

第二节　信息技术支撑下的大学英语课堂互动模式

信息技术的快速发展为现代课堂教育互动模式的变革和创新提供了机遇，顺应了教学改革的要求，符合科技全球化的形势下对人才全面培养的需求。本节将重点探索信息技术支撑下如何提高大学英语课堂互动教学效果和学生的学习兴趣。

一、信息技术对大学英语课堂互动的作用

随着互联网以及科学技术的发展,越来越多的大学英语课堂教学模式走进大学校园,这对于促进大学英语教学有着非常重要的作用。信息技术的发展带动我们进入"信息时代",这不仅改变了我们学习和生活的方式,同时还给教育领域带来了很大的发展机遇。信息是我们时时刻刻都在接触的资源,而如何将这些资源合理地应用到大学英语课堂互动环节,这是个值得深入研究的问题。

信息技术能够打破传统的大学英语教学方式,能够极大地促进大学英语课堂互动环节的发展。由于学生自身性格以及授课教师授课方式的差异,大学英语课堂互动环节往往被忽视了。而互动是个非常重要的、能够促进师生之间交流的环节,所以,应该重视信息技术在大学英语课堂互动环节的作用。信息技术支撑下的课堂互动能够把文本、图像、视频及动画等工具合理地结合起来,最大化地实现师生在课堂上的互动。尤其是网络信息技术的快速发展,促使了教师和学生之间的互动,并不再受时间和空间的限制,为学生自主学习提供更多便利。新的交流互动模式也使学习内容更灵活,实用性更强,学习的趣味性和知识性相结合,大大提高了学生的兴趣。英语不再只是一门应付考试的功课,而变成了学生交流和使用的一种语言,使学生的学习态度大大改观。

二、信息技术支撑下的大学英语课堂互动模式

信息技术支撑下的大学英语课堂互动模式要充分利用先进技术,改变课堂教学模式,突破课堂教学的单一、死板,使课堂互动变得灵活,促进师生、生生之间的交流合作,主要从以下几个方面进行大学英语课堂互动模式的创新。

(1)教学方式灵活多变,突出个性化。通过运用先进的信息技术,可以方便学生根据自身的特点和认知规律进行自主学习,同时可突出教学内容的个性化和多样化。利用多媒体的交互性,教师可以改变教学模式,制定好教学目标,将计算机作为教学工具,设计综合性较强的任务活动,让学生充分参与其中,给予学生分组学习和自主学习的机会,鼓励学生自主交流和师生交流,从语境、语义、环境模拟等方面提高英语水平。还可以利用计算机,进行人机交互练习,更方便学生自主学习。学生可根据自己的学习进度和知识掌握程度,完成学习目标,自己掌握学习进程,不受时间和空间的影响,方便自身查漏补缺。

(2)通过利用信息技术,达到大学英语课堂教学环境模拟的情境化,提高学习效率。情境教学是大学英语课堂互动常用的一种有效的教学模式,通过情景模拟和情景演练等,帮助学生理解抽象概念、提高口语表达能力和学习兴趣。多媒体信息技术可以通过模拟有趣的声音、提供生动的画面、展现动作和创造仿真声音等为情境教学提供方便,使教学更加真实,超越传统教学模式,使学生的记忆更加深刻,寓教于乐,达到良好的学习效果。

（3）丰富的网络教学资源使课堂互动教学突破时间和空间的界限，促使教学媒介的多样化。学生可以通过网络教室、多媒体互动平台及自媒体平台等多种媒介，达到师生的互动交流。学生可以利用互联网查阅英语资料和文献、练习口语、提高阅读能力，还可以通过网上交流、影音资料、视听学习等与更多的英语学习者和爱好者进行交流和讨论，将英语学习当成乐趣。教师也可以利用自媒体等开设交流群和互动空间，以此来打破学习的时间局限，使学生交流和学习可以随时随地进行，教师也可以随时给予学生指导，帮助学生解决疑难，以提高学习效果。

（4）考核方式和评价体系的人性化。信息技术的广泛应用改变了传统的考核模式，为教师对学生进行一对一考核提供了方便，同时教师可以对每个学生进行及时评价，帮助学生找出学习的不足，掌握学生学习进度和状态，及时帮助学生调整学习态度和方式，给予每个学生关怀。同时还可以实现学生之间、教师之间、师生之间网上互评，通过互联网大数据分析等，了解学生的局部和整体状态，使教学评价更加客观，也为英语课程教学改革提供依据。

信息技术支撑下的大学英语课堂互动模式对于提高大学英语课堂教学质量、唤醒学生听课热情具有十分重要的意义。对该过程进行研究不仅能够让人们更清楚地认识到信息技术对大学英语课堂互动环节的重要性，而且还能够为进一步完善该过程提供理论指导。

第三节 信息技术环境下的英语专业笔译教学模式研究

一、传统英语专业笔译教学存在的问题

总的来看，传统笔译教学主要存在以下突出问题。

认知误区。目前有些教师和学生对笔译教学仍存在一些认知上的不足。一方面，有些教师认为对语言能力的培养不属于翻译课的教学目标，翻译教师只负责翻译教学，不负责教学翻译(通过翻译学习语言)；另一方面，学生对翻译课存在不合理的预期，以为只要在课堂上学习一些翻译技巧，就能成为合格的翻译者。

课程设置不合理。整体上，笔译课程设置薄弱，课型单一，课时偏少。由于师资、课程认知、课程设置等诸方面原因，很多高校要么只开设一个学期的笔译课程，要么将笔译与口译或其他翻译课程混合起来教学。这就使得笔译教学时间非常有限，学生缺乏足够有效的翻译实践训练来进一步提升其翻译理论和技巧，也不能对翻译课程有一个系统的认识。

教学模式单一。课程设置不合理进一步造成翻译教学的单一性，具体表现在教材单一、教学方法单一和测试手段单一。在教材方面，笔译教材建设明显滞后，难以满足和适应当今社会对翻译的要求。在教学方法方面，大部分高校笔译课堂仍遵循传统的教学方法，即

教师讲解—学生练习—教师批改—课堂讲评。教师往往指定一本出版物为教材，辅以自选材料或翻译练习。在测试手段上，无论是测试题型、考试内容，还是评分方式都呈现出单一性，也不能客观地考评学生真实的翻译水平和能力。

教学互动不足。传统笔译课堂的社会界限明确，教师作为课堂的指挥者和操纵者，而学生只是被动的参与者和知识接受者。在这种角色模式中，作为学生学习活动的唯一评判者，教师却自始至终占主导地位。学生间、师生间的互动通常是在练习完成之后，由教师讲评。这使得学生之间很难进行适时交流和互相学习，教师也无法了解学生在表达过程中所遇到的困难，并提供适时帮助。

二、信息技术环境下英语专业笔译教学模式的构建

树立正确的教学目标。杨柳认为，信息素养应是信息化翻译教学的终极目标。所谓信息素养，包括运用现代信息技术检索、分析、选择、加工、利用、创造和传递翻译信息，提高翻译能力，解决翻译实际问题，从而提高个人素养的能力。

PACTE 研究组成员 Allison Beeby 提出了在翻译教学中发展翻译能力的四个主要目标，即培养学生的转换能力、培养学生的语言对比能力、培养学生的语篇对比能力、培养学生的非语言能力。冯全功则认为翻译能力是一个动态发展的概念，并提出了职业能力的概念。他认为，职业翻译能力由历时翻译能力和共时翻译能力两部分组成，其中历时翻译能力是基础性组成部分，具体包括双语知识、文化知识、风格知识和认知能力；而共时翻译能力则是区别性组成部分，主要指在新的社会翻译环境中职业译者所需掌握的能力或必备的素养，如专业领域知识、职业知识、实用翻译理论（技巧）知识、翻译工具（软件）运用能力、信息检索能力、文献编辑能力、基本管理能力、自我评估能力、快速学习能力、团队合作精神、生理—心理承受能力等。Kiraly 认为，翻译能力是指一种"复杂、高度个体化、社会化的进程，由文化、认知以及直觉相互作用形成"。因而，除了基本的翻译技能，信息化笔译教学应注重发展学生的学习能力和学习主体性，具体来说，应以培养学生运用现代信息技术检索、分析、选择、存储、利用、创造和传递翻译信息，解决翻译实际问题的能力作为教学目标。

师生互动、生生互动、人机互动的多维教学环境。杨柳曾指出，以现代信息技术为支持的多媒体教室、校园局域网或互联网等教学环境具有开放、虚拟和跨越时空的特征，可使丰富的教学资源立体生动地展现给学生，并营造仿真社会情景，将师生互动、生生互动延伸至课堂之外。

不同于传统翻译教学模式，信息化笔译教学模式的显著特征之一是营造了信息化教学环境，并强调学习群体性和交互性。信息技术的应用有利于形成交互的学习气氛，从而实现教师与学生、学生与学生，以及人机之间的信息交流。一方面，在信息技术支持下，教师可以充分发挥教具优势，直观生动地展示和讲解课堂内容；可以随时进入交流平台，关

注学生的整个翻译过程，有目的地引导交流活动，并针对学生在翻译过程中遇到的问题和困难给予及时的帮助指导；可以随时调出学生的译文进行展示，使学生获得成功的体验，并激发其学习动机。另一方面，网络环境的自主、互动式学习氛围实现了学生间的互动，学生可以在网上进行交叉式和自由式的交流合作，如相互发送邮件、聊天、可以在对方允许的条件下相互调看作业。由于每个学生的认知结构和认知水平不同，学生间的合作互动既能实现相互启发、相互补充，减少学习中的困难，又能增加人际情感交流，提高学习兴趣。可见，信息化笔译教学模式使学生在多媒体的帮助下成为一个或若干个翻译群体，从而有助于翻译知识和技巧的内化，既能有效激发学生学习翻译的兴趣和潜力，又能使学生更能深刻地融入翻译实践中，并真正提升其翻译实践能力。

教学内容的转变。知名翻译学者 Douglas Robunson 形象地把当代译者比作电子人，强调今天的翻译无法脱离电脑及网络。因此，除了传统的教学内容，教师应使学生熟练掌握机器翻译软件和网站系统(计算机辅助翻译，CAT)。与传统的纸质翻译工具相比，翻译软件的自学、记忆功能，以及强大的语料库功能都具有不可比拟的优势。如国内的金山词霸和金山快译、雅信 CATS、中国在线翻译网、华建翻译网，国外的 Babylon Pro 翻译家、Web Translator 网页翻译家、Magic Translator 翻译魔法师等翻译软件和网络。同时，双语平行语料库和检索工具也是翻译实践中的重要工作平台。它不仅为某一检索词或短语以及常用结构提供丰富多彩的双语对译样例，也提供了丰富的可随机提取的一本多译的对照参考。与传统教科书和工具书相比，平行语料库的语料内容广、语料新、语境丰富，而且检索功能强大，有助于揭示双语转换复杂而丰富的对应关系，从而丰富学生的语言表达能力，促进语言学习的内化。

因此，在翻译教学活动中，教师应鼓励学生利用机器翻译软件、机器翻译网站、双语平行语料库等工具进行自主学习，教师既可以向学生介绍利用网络资源开展口、笔译背景知识检索和语用实例、双语词汇收集工作，也可引导学生课下利用网络搜寻与学习内容相关的翻译材料，进行英汉互译，并组织相互交流与评价。这不仅能增强教学内容的丰富性和趣味性，达到提高教学效率和教学水平的目的，也能让学生未来从事真正的翻译实践活动做好准备。

教学方式从以教师为中心转向以学生为中心。从教师中心向学生中心转变是翻译教学的发展趋势之一，而信息技术的发展则加速了这一趋势，从而逐渐构建"教师主导—学生主体"的新型教与学方式。在信息化笔译教学模式中，教师由知识的单向传授者和唯一评判者变为学习过程的设计者、协作者、参与者和诊断者，其主导作用主要体现在分析教学需求、确定教学目标、创建教学情境、学生分组、课堂讲授、总结评析，从而有效激发学生的学习动机，使其进行自主、协作、探究式的学习。传统笔译课堂教学存在学习时间、学习空间、学习资源等诸多因素的限制，学生缺乏学习自主权。而基于计算机和多媒体网络的笔译教学却以信息资源库和虚拟化教学环境为依托，具有信息丰富、时空灵活、覆盖面广、信息可保存等显著特点。

因而，自主学习成为信息化笔译教学模式的重要组成部分。教师在利用现代信息化手段设计教学资源、任务和环境等教学要素时，应注重培养学生的自主学习能力。自主学习具有学习内容的可选择性、学习方法的多元性、学习资源的丰富性等特点，它在调动学生的学习主动性以及挖掘和发挥学生潜能方面具有明显优势。但同时还需认识到，自主学习与课堂教学并不矛盾，它既是现代课堂学习的一种形式，又是课堂教学的必要补充。学生在自主学习中具有选择学习内容的自主权，这并不意味着选择的随意性，学习内容应服务于学习目标的实现，应在教师的指导和建议下进行。这一新型教学模式对教师素质的要求也相应提高，教师不仅要具备较高的专业翻译知识和技能，还要精通信息技术的运用，更需要吸收现代教育的新理念。

教学测评。作为检验教学质量的重要途径，测试是教学过程的有机组成部分。传统笔译测试方法采用单一的汉译英、英译汉测试，无法真实、全面地反映整个教学过程和效果。这种翻译评价往往受到诸多译文以外因素的影响，如教师的主观判断、经验水平、态度、心情、疲劳程度及时间限制等。然而，以信息网络技术为依托的翻译测评则可在一定程度上消除翻译反馈主观性强的弊端。穆雷曾指出，科学的翻译测试特征之一是合理评分，尽量使用机辅评分系统。

除译文测评外，网络还可用于学习过程的评价，改变传统的单一终结性教学评价体系，促进形成性考核机制的建立和实施。形成性评价是依据学生课内外学习活动记录，包括自评、学生互评、教师评价和小组评价等。由于网络能提供各种智能化的评价方式，学生可随时检测自己的学习情况，教师也能更直观、系统地记录每个学生课内外翻译的学习行为，包括自学、自测、译文发布、讨论、修改、学习进步和困难等，形成个人学习档案。可见，网络环境下的检测不仅由学生自己掌握，有助于消除考试焦虑，而且网络检测的非人性化特征也避免了教师评价的主观性。

面对21世纪这个高度信息化的时代，笔译无论在翻译内容、翻译过程和翻译方法上都不可避免地采用信息科学和信息技术。信息技术环境下的笔译教学模式的构建不仅实现了现代教学所倡导的以学生为中心，提高学生自主学习能力的教学理念的转变，还为学生创造了更自由的学习氛围和发展空间，同时也为教师的个性化教学提供了极大的支持。总的来说，在信息化笔译教学模式下，学生通过计算机网络和多媒体技术处理的信息资源库，建立自己的学习平台，在教师的指导下完成学习任务，扩展知识结构。这一自主、互动的教学模式不仅能激发学生的学习主动性，也有利于培养他们主动获取信息和分析问题、解决问题的能力，从而培养出真正适应信息化社会的高层次、应用型、职业化笔译人才。

第四节　基于现代信息技术的大学英语"多元互动"教学模式

在世界经济一体化的时代背景下，我国在贸易、经济和政治方面与国际日益接轨，目前，我国社会迫切地需要具有高素质和高水准的综合性人才，培养学生的外语运用能力成为高校大学英语教师的关键任务。教学大纲对英语课堂教学提出了新的要求，教师需将学生语言综合运用能力的培养作为首要教学目标。若要加强对学生英语应用能力的培养，教师需转变教学观念，从传统的"以教师为中心"转变为"以学生为中心"，将学生作为教学主体，构建起多元互动英语教学模式。

一、大学英语教学模式的"多元互动"性原则

（一）主体性原则

"多元互动"教学模式是师生之间建立的相互作用关系，在此教学模式之下，教学与学生均为课堂的主体，其中教师为课堂中教的主体，而学生则为学的主体。多元互动式教学模式将教师与学生并列为教学课堂的主体，在强调学生主体作用的同时也提到了教师的主导作用。教师作为教学实践中的一员，需最大化地利用英语教学各要素的联系，充分尊重学生个性化差异，以培养出学生的思维能力和创造能力。

（二）互动性原则

互动可分为显性互动和隐性互动，其中隐性互动又可细分为多种互动，在英语教学过程中，各种教学互动形式都是有关联的。教学组织形式、教学方法、教学内容和教学手段在多元互动教学模式中融为一体，使抽象的英语教学思想转化为可操作的具体教学策略，让学生能够不断适应、感受、判断和实践自己的学习行为，最终实现英语教学课堂的多元互动模式。

（三）创新性原则

探究精神是引导学生进行思考和创新的前提，学生对知识进行探究时，才能逐步完成参与、思考、实践和启发的学习过程。在探究精神的引导下，学生的判断思维能力和创新思维能力得以提高，促使学生在英语学习过程中不断超越自我，以取得更佳的英语综合运用能力。多元互动教学模式倡导学生进行创新，为提高大学英语课堂教育做出贡献。

（四）多层性原则

多层性原则不单是局限于教师与学生之间，还表现在学生与教学信息、教学内容和教学结构方面。在多元互动教学模式中，学生的学习过程并不是单向的认知过程，而是一种学生、教师、设备之间的多向互动行为。多层性的多元互动教学模式以网络为基础，尊重

学生的个体化发展，根据因材施教原则满足不同知识层次的学生需求，使每个学生都能积极参与地到多元互动教学模式中。

二、"多元互动"式教学模式的构建

（一）课堂教学模式为主

从国内目前的教育形式来看，课堂教育仍然是主流授课形式，因此，即使在现代信息技术的冲击下，教师也不可忽视课堂教育的重要作用。若要取得更高的英语教学效率，教师就必须充分利用好课堂教学，为学生建立起良好的学习交流场所，发挥出互动式教学课堂的优势。在自身为主导作用的前提下，教师可借助现代信息技术设施进行针对性的任务布置，如在授课前在校内贴上发布与课程相关的内容，使学生能够通过自己的思考和实践完成教学内容，有利于提高学生的知识创新能力和独立思考能力，充分激发学生的主观能动性。教师要合理运用现代信息技术，开展小组讨论、集体谈话、案例讨论、角色扮演和自由谈话等教学活动，实现教师与学生、学生与知识、教师与知识等多方面的互动，多元互动教学模式的使用能够有效激发学生对英语的学习兴趣，锻炼学生的独立思考能力、问题解决能力和语言运用能力，使学生在教师的引导下成为课堂的主人。

（二）现代信息技术为辅

现代信息技术的使用在很大程度上丰富了英语课堂教学形式，激发了学生对英语学习的兴趣。交互功能的广泛使用让师生之间的沟通方式得以扩展，同时实现了同步和异步交流功能，加强了师生之间的信息交流，为英语教学课堂提供了多种学习情景，并具有多元化、多样化和主动化的功能特点。学生在学校提供的学习平台下，运用现有场所、资源和设备，在自身认知基础之上实现个人英语知识体系的构建。在现代信息设备的帮助下，学生可自主开展学习任务，英语教学不再局限于传统意义的课堂教学，而是在课堂教学的基础上不断引申和加强，实现学生个性化学习。教师和学生在此教学模式下，不再局限于场所、时间和引导者，可通过网页留言、聊天软件、校内网站和网络论坛等方式进行自由化沟通。多元互动的教育模式充分激发了学生对学习的兴趣，为教师和学生提供了良好的教学平台，在很大程度上弥补了传统课堂教育的不足，为大学英语的教学提供了立体化的教学平台。

（三）课堂教学与现代信息技术相辅相成

英语教学的主要平台是课堂教育，是实现英语知识传授的主要途径。在网络环境下，教师可采用针对性教育辅助课堂教学，通过第二教学课堂的开展实现英语教学活动的多元互动性。课外活动的开展可使学生对课堂所学知识进行巩固，为学生创造出可实践和运用的机会。此外，课外活动的氛围不同于教学课堂，相对更为轻松的环境能够让学生自由发挥自身的协作、交际和综合运用能力，在学生英语知识体系的构建上具有积极意义。教师可辅助成立英语学习小组，鼓励学生积极参与，定时举办英语辩论赛、英语写作评比和英语电影赏析活动，让学生能够拥有自由发挥的英语交际平台。通过多元互动教学模式的实施，引导学生自主学习英语，充分激发出学生对英语的学习兴趣。外语教学的主要目标是学生的"学"，而非是教师的"教"。教师在英语教学过程中需充分激发学生的主观能动性，引导学生最大限度地参与到英语课堂教学中。

在新兴技术发展背景下，传统英语教学课堂已经在教学空间、教学手段、教学时间、教学内容和教学方式方面产生较大改变，原本冗长、单调的英语课堂教育在现代化教学设备的帮助下得以改善，强化了学生对英语知识的学习，促使学生参与到英语课堂教育中去，在很大程度上提高了英语教学的教学质量。

第五节　基于现代信息技术的大学英语自主学习教学模式

教育部2007年制定的《大学英语课程教学要求》提出，各高等学校应充分利用现代信息技术，采用基于计算机和课堂的英语教学模式，改进以教师讲授为主的单一教学模式。新的教学模式应以现代信息技术，特别是网络技术为支撑，使英语的教与学可以在一定程度上不受时间和地点的限制，朝着个性化和自主学习的方向发展。同时指出，教学模式改革的目的之一是促进学生个性化学习方法的形成和学生自主学习能力的发展。随着我国高等教育的发展及大学英语教学改革的深入，各所高校根据非英语专业学生的实际情况，相应采用了不同的符合本校学生实际的科学、系统及个性化的大学英语教学模式，并在实践中不断进行探索和完善。

重庆工商大学融智学院在2005年进行本院大学英语教学改革之初，依据《大学英语课程教学要求》（2004年试行），在本院教改指导思想中明确了要广泛采用多媒体和网络技术，促进教学模式的改革，并指明学生是学习的主体，在大学英语教学中要充分调动学生学习的主观能动性，注重培养学生自主学习的能力。在此指导思想下，从2005年9月开始，选取2004级和2005级非英语专业部分学生进行基于现代信息技术的大学英语自主学习教学模式改革实践，历经两年试点，最终取得了一定成效。从2007年9月开始，学院根据《大学英语课程教学要求》，在非英语专业学生的大学英语教学中，依托《大学体验英语》这一立体化教材，全面实行基于现代信息技术的大学英语自主学习教学模式，充分体现出《大学英语课程教学要求》，提出课程设计的个性化及教学模式的网络化。

一、基于现代信息技术的大学英语自主学习模式的理论基础

大学英语自主学习模式的理论基础是瑞士心理学家皮亚杰奠基的建构主义学习理论。该理论对基于现代信息技术的大学英语教学具有极大影响。在学习方法上，建构主义理论倡导教师指导下的以学习者为中心的学习，强调学习者的认知主体作用，同时并不忽视教师的指导作用。该理论"强调以学生为中心，不仅要求学生由外部刺激的被动接受者和知识的灌输对象转变为信息加工的主体、知识意义的主动建构者；而且要求教师要由知识的传授者、灌输者转变为学生主动建构意义的帮助者、促进者。这就意味着教师应当在教学过程中采用全新的教学模式、教学方法和教学设计思想"。以学生为中心的实质就是提倡自主学习，而基于现代信息技术的大学英语自主学习模式正是建构主义学习理论和自主学习策略相结合的充分体现。

　　王笃勤认为，课堂教学有其自身的局限性，大学英语教学"更多的是依靠学生课下自主学习的开展。学生的个性差别也要求学生根据自己的具体情况开展听、说、读、写、译的相应训练"，"自主学习能力的培养一般是采取策略培养的模式，自主学习能力的培养需由认知策略的培养和元认知策略的培养两部分组成，通过认知策略的培养，使学生了解并掌握各种学习策略技巧，如听力技巧、交际策略、阅读策略、写作技巧、翻译技巧和解题技巧；通过元认知策略的培养，使学生养成制订学习计划、选择学习方式、安排学习任务、监控学习过程、评估任务完成情况的习惯，从而一步步走向自主。"

　　基于现代信息技术的大学英语自主学习模式以网络为支撑，能够充分体现学习者的主体地位，以自主、自发、独立学习为主，是大学英语课堂的外延，也是课堂教学的必要补充。该教学模式在教学和学习过程中能有效地调动学习者的积极性、主动性和创造性，更加高效地实现了大学英语的教学目标。

二、基于现代信息技术的大学英语自主学习模式的构建

　　重庆工商大学融智学院实行的基于现代信息技术的大学英语自主学习模式是一种课堂教学＋学生网络自学的模式，这种模式包括课堂教学、网络自学和课外活动。课堂教学中，教师充分发挥主导作用，利用课堂教学所用的教材，引导学生掌握听、说、读、写、译的基本知识和技能，体现学生的主体作用，使课堂成为学生展现自己语言才能的舞台。网络自学中，充分利用多媒体和网络技术，打破传统课堂在时间和空间上的局限，使英语教学和英语学习朝个性化、自主式、自我建构式学习方向发展，给学生创造自主学习的环境，培养学生的自主学习能力。课外活动主要指与大学英语相关的课外素质教育活动，如英语角、各种英语技能比赛等，让学生在实践中检验自己的英语综合应用能力。

　　基于现代信息技术的大学英语自主学习模式的硬件基础是学校拥有计算机网络系统和计算机网络教室，并配有专业计算机管理人员。学校在2005年6月引进了《大学体验英语》全新立体化系列教材的网络学习系统，并分别对教师和学生进行了课程管理和课程学习的培训，为学生完成网络自学课程的学习奠定了基础。《大学体验英语》是高等教育出

版社设计开发的立体式系列教程，倡导基于计算机／网络＋课堂教学的新型教学模式，充分注意了课堂教学与课外自主学习相结合，使课堂教学内容在课外得以延展。该系列教材中的大学英语学习系统、多媒体学习课件等为英语教学网络化及教学手段现代化提供了立体、互动的英语教学环境。多媒体课件提供了中外教师的双语课堂讲解、难点解析、跟读与交互训练，可供学生自主学习，网络自主学习系统可供学生学习、训练、测试，自动形成监测记录。

在实施基于现代信息技术的大学英语自主学习模式改革实践中，学院施行分层次教学，对学生分别配置不同的课堂教材，网络自学课程内容虽然相同，但网络自学级别分配设置了不同的要求。在学时分配上，课堂教学为每周每班四学时，网络自学每周每班二学时；在学生课程成绩评定上，采取形成性评估和终结性评估相结合的方式，将网络课程的成绩纳入形成性评估中。

三、基于现代信息技术的大学英语自主学习教学模式实践

重庆工商大学融智学院自2007级非英语专业学生开始，对大学英语课程的教学采用基于现代信息技术的大学英语自主学习模式，具体教学流程如下。

课堂教学。传统课堂教学面授有其自身的优势和必要性，因此，学院重视课堂教学环节，推广实施以学生为中心的主题教学模式。学生课堂教学所用的教材均为国家规划教材，课本每一单元的听、说、读、写、译各项技能的培养与训练都围绕同一交际主题展开。教师充分发挥其主导作用，要求学生对每一单元的主题进行预习并借助图书馆及网络查找资料，在课堂上引导学生对相关话题按听、说、读、写、译分项技能进行研讨，给学生提供自我展示、畅谈主题、语篇分析、模拟练习及技能训练的机会，并及时对学生进行评价、答疑解惑，培养学生英语综合运用的能力。

网络自学。大学体验英语学习系统设计人性化，使学生通过人机互动，达到有话想说、有话会说的目的，激发学生自主学习的兴趣，满足个性化学习的需要，培养提高学生的听说能力。学生的网络自学与课堂教学一样排入课表，在学生第一次进行网络课程学习之前，由任课教师在主控机内输入学生的个人信息和卡号，进而自动生成学生个性化密码，为进入学习系统做好准备。学生进入学习系统第一步是进行基本能力初始测试，测试成绩达到及格标准，将自动越过0级学习课程进入一级学习课程，不合格将自动进入0级课程进行学习。课程分为0～6级，学生自主掌握学习进程，每学期基本能完成1～1.5个级别的学习内容，学习时间、进度和网络自学的成绩也由系统自动记录。

课外素质教育活动是学生进行课外自主学习的一种表现，每学期组织学生参加英语角或无线耳机听说以及各种不同内容、不同形式的相关英语竞赛活动，由教师对学生的参与情况做出及时准确的评价和记录。

课程评价。学生的大学英语课程成绩由形成性评价和终结性评价组成。形成性评价和

终结性评价分别占有的成绩比例根据每学期具体情况的不同来调整，现以学院 2010—2011 学年第一学期的大学英语成绩评定方案为例：学生的期末成绩由形成性评价成绩、终结性评价成绩和素质教育活动加分组成，采用百分制。形成性评价占 50%，采用课内外考评相结合的形式，其中学生课内教学活动占 20%，分别由出勤表现（5%）、口语表现（10%）、平时测试（5%）组成。学生课外教学活动占 30%，分别由作业（5%）、网络自学（10%）、学期大作文（10%）、英语角（5%）组成。在形成性评价中，口语表现 10 分由学生个人日常口语表现 4 分+团队口语表演 6 分组成；平时测试 5 分是根据不同教材分层次确定考核内容随堂进行，每学期进行 2 次；作业 5 分根据不同教材、不同授课对象按听说读写分项进行，要求教师全批并讲解；学期大作文 10 分，该作业在学期最后一次课前上交，课程结束前 2~3 周，教师根据每个单元的写作教学内容，向全班学生分组布置不同的题目，学生通过课外查阅资料，在课外完成；网络自学成绩 10 分，执行网络教学设计小组制订的考核方案，按学生的起始级别、学习进度及网络学习系统给出的听说综合成绩计分；英语角则根据学生参加英语角的表现加分。终结性评价占 50%，是对学生进行期末测试，分层次按教材出题，试题由主观题和客观题两部分构成，题型为听力、阅读和翻译。素质教育活动加分：由教师根据本学期教学活动的层次和比例确定。

几年来的基于现代信息技术的大学英语自主学习模式的实践表明，该模式具有教学效率高、信息输入量大、能实时评价等优势，实现了培养学生的英语综合应用能力，特别是听说能力以及增强学生自主学习能力，提高学生综合文化素养的大学英语教学目标，具有可行性和有效性。该模式将课堂教学和网络自主学习结合起来，教师在课堂上激励学生信心、指导学习策略、检查学习效果、管理组织学生，网络学习系统则赋予学生学习自主权，实现个性化教学及个性化学习，以培养学生多方位学习和终身学习的能力。从学生和教师的反馈来看，无论学生还是教师都认为这种模式调动了学生语言学习的兴趣，使学生自觉学习、自愿学习的主观能动性得到充分发挥，使大学英语教学多年来的哑巴英语现象逐渐改变，达到了语言学习的实用性目的。网络学习系统对学生的学习进行即时评价，学生很有成就感，从而激发了学习动力和进取心。从学生的学习成绩来看，学生的口语成绩和课程成绩均有大幅提高，一次性及格率明显提高。在基于现代信息技术的大学英语自主学习模式操作中，需要注意的是该模式是将课堂教学和网络自学相结合，二者不能相互取代，而要优势互补，以学生为中心的自主学习也绝不是让学生完全自由活动，而是在教师指导下的自主学习课堂，教师要肩负的是指导、监控、评价的职责，需要不断更新教学理念，进行理论与技术培训，提高自身素质。

基于现代信息技术的大学英语自主学习教学模式还处于实践探索阶段，仍有许多问题需要探究，如教师如何对学生更好地进行自主学习策略指导，形成评估中网络自学成绩的合理比例，开发设计多教材多版本的网络学习系统，使学生能广泛选择适合自己的网络个性化自主学习等。随着教学改革实践的不断深入，基于现代信息技术的大学英语自主学习教学模式必将逐步得到完善，从而对更加高效地实现大学英语教学目标、优化英语教学、促进学生个性化学习方法的形成和学生自主学习能力的发展起到积极的推动作用。

第六节　网络信息技术背景下大学英语阅读教学新模式

大学英语教学作为高等教育的一个有机组成部分，对培养学生全面发展、提高自身能力、适应国家社会发展和促进国际交流起着重要的作用。阅读是大学英语教学中的一个重要环节，然而传统的阅读教学已不能满足时代发展和学生自身需求。在网络信息技术日新月异的今天，如何进行积极创新，真正地激发学生学习英语的兴趣，提高学生的英语阅读及其他能力已成为广大学英语语教师所关心的问题。

一、阅读教学的重要性及传统阅读教学的问题

在英语学习的四种基本技能（听、说、读、写）中，阅读占据着重要的地位。在语言习得过程中，阅读和听力属于语言输入，而会话和写作属于语言输出。要想获得满意的语言输出就必须要有丰富优质的语言输入。大学英语阅读教学是大学英语教学当中的一个重要的组成部分。它有助于提高学生的听说、写作、翻译等能力，并有助于拓宽学生的知识面，了解中西文化的差异，提高学生的交往能力。因此，要想提高学生的听说和写作能力，就必须改善和提高阅读教学。

然而传统的大学英语阅读教学以教师讲授为主，教学内容单一、信息陈旧，教学方法一成不变——（每堂课上教师都习惯从字词句开始带领学生进行语言、语法知识点和篇章结构的讲解和梳理）使学生上课缺乏主动性，没有使学生培养起自主学习的意识和良好的阅读习惯。

二、网络信息技术给大学英语阅读课带来的机遇和挑战

随着经济社会的飞速发展，现代科学技术取得了突飞猛进的进步。诞生于20世纪50年代的计算机网络系统对人类社会生活的方方面面和各行各业产生了深刻的影响并带来了诸多好处，其中对高等教育的渗透，给高等教育的发展带来机遇和挑战。

网络信息技术对高等教育的影响包括以下几方面：

（1）网络信息技术为高等教育提供了新的教育手段和技术。（2）网络信息技术使教师的角色发生了转变——教师从文化知识的传授者和教育教学的管理者变成知识体系的建构者和人际关系的艺术家。（3）网络信息技术使高等教育的方式和方法发生了根本性的改变，它使传统的灌输式和被动式教育方式转变为兼有自主性和灵活性的方式，突破了时间和空间的限制。（4）网络信息技术使办学方式从单一的全日制教育向多层次、多形式、多规格的教育转变。（5）网络信息技术为学生提供了丰富和多元化的信息，能激发学生对现代科

学的学习兴趣，帮助学生拓宽知识面，提高专业素质。（6）网络信息技术能培养学生的自我精神，发展学生的个性，使学生自我完善和自我提高。

此外，网络信息技术还具有资源丰富、互动参与性强、传播路径多元化、传播模式多样化等特点（陈君均，2019）。这些优势势必会对大学教育的课堂教学模式、教学手段、教学主体、教学资源等方面产生深远的影响（李逢庆、桑新民，2017）。

三、大学英语阅读课的新教学模式探讨

（一）教学内容的转变

以往的大学英语教学，都围绕着学校所订的教材进行。由于一些客观因素所致（如经费短缺、教师不想重新备课等），一套教材使用多年，因其内容陈旧，与时代脱节，学生学起来如同嚼蜡，毫无兴趣可言。但新兴的网络信息技术手段在日常教学当中的介入，教师可根据教材单元话题，从互联网或其他移动媒体终端（如 China Daily 的手机双语报和微信当中的 China Daily App 等），有的放矢地寻找和整理契合学生英语水平的阅读材料，从而能丰富课堂内容，提高学生的学习兴趣。

（二）教学方式的转变

传统的英语阅读教学过多地关注教师的课堂讲授，学生只需带着课本和耳朵就来上课。教学内容的按部就班，使课堂教学失去了活力和吸引力，学生失去了兴趣和自主学习的能力。

伴随着网络信息技术的日新月异，新的教学方式和手段也不断涌现，其中最具有代表性的就是微课、翻转课堂和慕课。

微课，顾名思义就是微型课程，它是一种以互联网为基础，融合传统教学模式的新型教学模式。它以微型教学视频为主要载体，针对某个学科的知识点（如重点、难点、疑点、考点等）或教学环节（如学习活动、主题、实验、任务等）而设计开发的一种情景化，支持多种学习方式的在线视频课程资源。它有三种类型：Picture story(PPT 式微课)、Lecture record（实录式微课）以及 Screen capture（利用录屏软件和先进的演示文稿软件录制讲授讲解过程）（闫姿颖，2019）。由于课程时间较短、内容丰富、传播便捷、课程可反复观看的优点，深受教师和学生的喜爱。

翻转课堂（Flipped Classroom）是一种颠覆了传统教学理念的新的教学模式。它采用"先学后教"的教学步骤，教师在课前采用录制小视频的方式，把教学的目标、重难点和相应的知识点等展现给学生，让学生在课前进行自主学习。在课上，教师组织学生进行讨论和交流来答疑解惑，帮助学生掌握知识。翻转课堂注重培养学生的学习主动性，有利于调动学生的学习积极性，它颠覆了教师在课堂当中的主体地位，让学生真正成为课堂的参与者和建设者，有利于实现师生之间的真正互动，可达到良好的教学效果。

慕课 MOOC(Massive Open Online Course)是一种免费向大众开放的网络课程。它由加

拿大教育学家 George Siemens 和 Stephen Downes 在 2008 年秋季创造的。它具有规模大、无边界、开放性、成本低和易获取知识的特点，因而受到世界各地学习者的追捧。慕课于 2013 年在中国出现了繁荣发展的局面，中国的许多知名大学，如北大、清华、复旦等都陆续开发并上线许多网络课程。慕课教学体现个性化。课前，教师把课程内容和资源进行整合，对教学当中的基本知识点、基本技能、重难点进行合理的安排，抽取部分内容制作成小视频发布到网上，让学生在课前进行熟悉和了解，从而为课上的进一步讨论做准备。在课堂教学中，教师变成了课堂的组织者、引导者和学生思想的启发者。（杨娟，徐琳，2018）

（三）教学主体的改变

教师不再是学生获取知识的唯一来源，也不再是课堂教学的主导者。采用微课、翻转课堂或慕课的教学方式，势必会削弱教师以往的主体地位，激发学生从课前就融入教学中，发挥自己的主观能动性，并进行积极的学习，教师则变成了课堂教学中的引导者和辅助者。

（四）教学评价方式的转变

网络信息技术对教学的渗透使教师可采用多种方式来评价学生，获得对学生英语能力的较为全面的认识。教师可在课前的自主学习、课上的讨论等环节，课后的知识巩固和拓展活动中对学生进行评价，评价不再局限于一张试卷成绩，评价可以是多样的、动态的，不受时间和空间限制。

网络信息技术的飞速发展给大学英语阅读课注入了活力。新型教学方式的涌现（如微课、翻转课堂和慕课等）给大学英语课带来了生机。大学英语教师应转变观念，勇于接受科技发展给教育带来的机遇和挑战，结合学生特点采用不同的教学方式来帮助学生真正地提高英语阅读能力及英语水平。

第七节 信息技术环境下大学英语视听说混合学习模式

美国作为信息技术和教育发达国家，早在 2001 年中小学网络化的普及程度就达到了 99%，在这方面的研究相当丰富，美国教育部门已在各级学校进行和实践多种新型的教学模式，如基于问题的学习模式、基于项目的学习模式、基于资源的学习等，很多学者如 Roblyer, Graig Barnum 和 William Paarmann 等提出并研究具体的整合教学模式和效果，为语言教学提供了较好的参考。在国内，蒋学清、张红玲等提出了整合信息技术的外语教学的基本模型。因此，通过研究发达国家和学习此方向最先进的理论和实践知识，无疑是非常有意义的。

一、影响大学英语听说教学效果的因素

缺乏真实的英语学习和使用环境。大多中国学生可以看懂句式复杂的文章，写出结构完整的短文，在题型多样的听力理解考试中也可以取得很好的成绩，但在日常生活中与英语母语者交流却遇到阻力，甚至连诸如询价、指路等最基本的日常生活用语都无法清楚表达。究其原因，课堂中所营造出的模拟语言环境，是教师根据教学大纲及教学内容，有目的地加工、提炼而成。由于时间、课型及人数等因素限制，课堂中无法将日常生活中所遇到的每个真实语境完整呈现。多数学生除了有限的课堂学习外，很少能在日常生活中接触和使用英语。多媒体网络课堂及语言实验室虽然在一定程度上带给学习者真实的语言环境，但因受到时间及地点的限制，无法提供及时 (just-in-time) 学习的环境。

评价体系需要多元化：

评价主体的多元化。根据建构主义理念，学生不是外部刺激的被动接受者而是知识意义的主动建构者；教师不是知识的灌输者而是学生主动建构知识意义的帮助者。学生应自我监督、自我测试、自我反思以检查、了解自己建构新知识的过程及成效，从而随时改进学习策略，达到最终的学习目标。

评价方式的多元化。传统的大学英语评价方式缺少主观性和灵活性，过度重视以标准化试题为主的结果评定，这使得学生过于注重基础知识为主的考试成绩而忽视学生实际运用语言的能力，不能较好地调动学生参与评价的积极性，也不利于学生的个性发展。

评价标准的多元化。由于听说能力固有的特殊属性，在实际评价中很难定量评价。在听说教学中，只针对学生所获得的知识、技能、能力等方面的评价标准已无法照顾到学生的个体差异，也无法帮助学生充分挖掘和展示其个人潜能。

学生缺乏参与及自主能力。信息技术环境为自主学习提供了自然环境，增强了学生的学习动机。但是，过量的学习资源可能对那些缺乏自我调控的学习者来说并不是一件有益的事情。网络学习环境的特征往往使学习者迷航 (Begoray，1990)，而成功的网络自主学习需要自我调控和元认知能力。在以教师为中心的大学英语听说教学课堂中，教师和学生都缺乏自主性，不利于自主学习的发展。

二、在信息技术环境下建构大学英语听说课程混合式教学

利用"蓝鸽英语"网络平台及资源，为学生提供及时学习的空间。

本校"蓝鸽英语"网络学习和管理平台的建设与使用，将课内课外打通，在最大限度降低模拟环境的负面影响的同时，也为学生提供随时随地学习的环境。学习者处于不同情境中产生学习的需求时，则通过无线通信技术与"蓝鸽英语"网络相连来查询相关的信息。这种以网络为平台的情境学习 (Situated Learning) 和学习共同体 (Learning Community) 的创建，使语言学习不再是一门孤立的课程，而是真正成为了一种社会活动。

利用英语实验口语网络平台，实现课堂。我校结合本校大学英语教学实际情况，通过口语实验网络平台，实现将传统的口语课堂活动和创新性的"网络语言实验"活动相结合，设立了大学英语口语实验课程。该课程以学生熟悉的实验模式进行分组教学，课下要求学生以真实语境为前提进行口语训练，并录制即时音、视频上传到网络平台。在教学中，特别注重学生学习过程与成果的收集，保存与及时反馈，有效记录学生实验活动，做到听、说两种技能有机结合。

考虑到学生的智能差异、全面发展的需要，该课程的评价内容不仅注重学生所掌握基础知识，而且还包括对学生综合能力和素质的评价，即学生英语学习态度、学习策略、习惯、自主能力等。此外，在评价环节加大了学生参与度，实施师评、自评和互评三方结合的模式。这样做，一是使评价更加客观具体，二是使学生实现横纵对比。所谓横向对比，即学生通过自评对进步和提高程度内省；所谓纵向对比，是通过互评，了解其他学生的情况。所有的任务和评价内容，音、视频、文字都有记录，在任何时间都可被调取比较，方便教师和学生掌握进步情况进行评价。通过教师评价与学生自评和互评，不仅可以了解学生的语言掌握情况、额学习进程、完成学习任务的情况以及存在的问题，发挥学生学习的主动性，培养学生自主学习的能力，还有助于提高教师教学管理水平。

研发可输入性个人词典，增加学生参与度。现有的网络词典均为软件公司统一定制、编写的。为满足学生个性化英语学习的需求，课题组设计并研发了一款可输入性开放式个人词典。词典使用者可以根据自己的英语学习及教学的历程自主创建、编辑或组织词条，修改对单个单词的注释，也可以加入备注、检索、链接及网络共享。可以让学生充分发挥创造力，从被动的知识接受者成为主动的知识创造者，从而增加学生的参与度及自主能力。

合理利用信息技术辅助大学英语听说教学既符合语言习得规律，又顺应时代发展潮流，并能有效地提高学生英语听说的兴趣和效率。同时也应该意识到只有在教师的精心准备和选择下，与教师的课堂教学合理有效结合，网络资源才能更好地服务于大学英语听说教学。

第八节　信息技术与多模态语境下的大学英语口语教学模式

根据教育部颁发的《大学英语课程教学要求（试行）》，大学英语的教学目标是培养学生英语综合应用能力，特别是听说能力；设计大学英语课程应大量使用先进的信息技术，推进基于计算机和网络的英语软件教学，为学生提供良好的语言学习环境与条件。新的教学模式应以现代信息技术为支撑，体现英语教学的实用性、文化性和趣味性融合的原则（教育部高等教育司，2007）。近年来，网络技术和多媒体技术在我国高等院校中逐渐普及，尤其是大学英语教学，善于结合视频、音频、图像等多模态来提高教学质量。

随着我国经济的发展，社会对复合型人才的要求，促使学校更加注重学生专业外语素养的培养，从社会需求、教学实际、学生能力等方面出发，增强学生英语的实际运用和真实情境下的口语交际能力，以适应专业发展的要求和国际社会需求。

一、多模态理论

模态（modality）是指社会交流的一种媒介，即人类感知世界、通过各种感官（视觉、听觉、触觉、嗅觉和味觉）与外部环境进行的互动方式，由此产生了五种交际模态：视觉模态、听觉模态、触觉模态、嗅觉模态和味觉模态（赵慧娟，2014）。多模态话语是指运用多种感觉，通过图片、语言、手势、表情等多种符号系统完成的交际。多模态话语最早的研究者之一是 R.Barthes，她在 1977 年发表的论文《图像的修辞》(*Rhetoric of the Image*) 中探讨了图像在表达意义上与语言的相互作用；在 20 世纪 90 年代，Kress 和 Van Leeuwen 作为多模态话语分析研究的主要代表，研究探讨模态与媒体的关系，认为语言和其他非语言符号都是传达意义的载体，其各种模态各自独立但又相互影响、相互作用。Kress，G. 还探索了科学课课堂中通过多模态互动表达和构建意义的过程。多模态话语分析理论基于系统功能语言学和符号学，为单一模态无法表达清楚的语境提供了新的渠道。

二、多模态理论与大学英语医学口语教学

在全球化不断发展和深化的现代社会，随着国际交流和现代医学的发展，国家和社会对医护人员的专业英语能力的要求逐步提高。在我国，大部分医科类院校已着手加强医科类学生的英语能力的培养，向国际化医疗卫生人才靠拢。因此，医科类学生的医学英语教学亟待进一步改善。

对于医科类院校来说，传统的医学英语教学主要集中在词汇教学，要求学生掌握大量的医学英语词汇以及基础的医学文献写作和阅读能力，以实现其能阅读国外先进医学文献材料和进行英语医学文献写作的目标，而往往忽略了医学英语的口语交际能力的培养。同时，由于英语是公共学科，医学类学生与英语教师的人数比例过大，导致医学英语的授课班级规模偏大，往往是 50 多人乃至 100 人一个班。大班教学在很大程度上制约着教学方法的灵活多变，教师往往只能采用较为传统的教学模式，通常以教师讲述为主，采用较为单一、传统的教学法，如任务型教学法、小组讨论、PPT 展示等。在教学过程中，学生往往缺乏足够的学习兴趣和积极主动性，并未得到足够的机会来锻炼语言的实际运用能力和交际能力，从而制约了教学效果。

医学类高年级学生具备一定的医学英语写作能力，能够较好地理解和应用国外医学英文资料，但是却不敢开口或是无法流利地进行医学方面的英文口语交流，这样的现象在我国医科类院校中非常普遍。因此，为满足现代医学发展和社会的要求，医学英语口语教学需不断探索新的、有效的教学模式。

常见的教学方法如讲述法、PPT 演示法、角色扮演法、课堂讨论法、实际操练法等，虽然具有各自的侧重点和优势，但是若只是采用其中某一种，就只能解决一个问题或实现

一个目标，长此以往，并不能满足"具有良好的读写能力和口语交际能力"的培养目标。因此，在现代信息技术的强力支撑下，教师需要将新的、多模态的教学模式应用到实际英语教学中，多种教学模式相融合。

多模态教学理论主张利用视频、音频、图像、角色扮演等多渠道、多教学手段来调动学生的多种感官协同运作参与语言学习，亲历教学活动，参与教学互动。多模态教学要求学生在吸收知识的同时，进行相应模态的有效产出，从而达到预期的学习效果。多模态的英语教学模式是社会发展的要求，是对传统教学模式的补充，是对现有的教学方法的有效融合和改进，是英语教学改革的一个必然趋势和必然选择。

在现代的大学英语课堂中采用多模态教学方法可以对多媒体资源进行合理有效的整合利用，并通过生动、高效的方式传递给学生，在活跃课堂氛围的同时，进一步实现师生之间的良好互动，改善学习效果，提高课堂教学的效率，培养学生的学习积极性和自主能力，从而培养学生多元化的英语识读能力和语言实际应用能力。

三、信息技术和多模态语境下的大学医学英语口语教学模式

在传统的单一模态的医学英语口语教学中，教师往往是课堂的主导，由教师提供文字或音频的口语材料，在引领学生进行词汇、语法、句法等相关知识点的学习后，带领学生诵读，然后进行实际操练。在这样的课堂中，学生往往被动地接受教师提供的学习材料，而不能参与到话语模态或听觉模态的活动中，然后进行阅读、记忆和模仿的练习，缺乏足够的学习兴趣和积极性。单一的文字或音频材料，只能对学生的视觉和听觉进行刺激，而语言交际往往具有多样性和不确定性，仅在其中一个或两个模态的语境下，学生不一定能够对复杂的医学英语词汇或表达产生足够的理解和深刻的记忆。导致在实际口语操练中，要么是对教学材料进行机械化的重述，要么是无法流利地进行口语表达。在大班模式中，由于课堂时间和教学目标的制约，教师难以对学生进行一一指导，而学生也就无法进行有效的知识产出且未得到教师的及时帮助，便容易产生挫败感，久而久之，学习兴趣和积极性也会受到影响。缺乏良好的课堂学习效果，学生的医学英语口语能力得不到有效的提高，会对其日后的学习工作产生不小的影响。这也是部分医科类院校英语口语教学效果不显著和医科类学生英语口语交际能力不强的主要原因之一。

在信息技术的支持下，多模态教学模式的采用，能使学生通过多种渠道尤其是网络渠道获取相关信息，在获取信息的同时，学生可主动对信息进行筛选和初步理解，然后更多地参与到以学生为中心的课堂活动中，或利用多媒体进行个别化自主学习。例如可以让学生在自主学习平台上、移动设备的 App 上、互联网上等搜索相关的学习资源，进行小组或班级内探讨、学习与分享。

在医学英语口语课堂上，教师可以通过纯正的医学题材英文材料，如英语原声影视剧作品，对学生的听觉、视觉同时进行刺激。在让学生感受真实的语言环境的同时，为学生

提供大量的临床交际情景、各种病例分析、疑难杂症的症治、医学术语和缩略语等材料，要求学生投入虚拟的临床场景中，在掌握相关知识的同时，激发学生的学习兴趣、活跃课堂气氛。例如在对"癫痫"这一常见病症进行讲解时，教师可在课上播放美剧《豪斯医生》第一季第一集，分为"发病症状""病情诊断过程""治疗方法"三个片段进行依次播放，要求学生在观看时记录要点和重点（如医学术语和表达句式）；分小组当堂利用网络搜集更多相关资料，进行讨论，然后总结观点并发言；教师随后给予相应的反馈。此类课堂活动既能快速有效地让学生参与到教学活动中，又能让学生对所学内容获得一定的理解，为接下来的教学奠定良好的基础和营造积极的课堂氛围。

在教师讲述知识点环节，教师从网络多媒体材料中挑取相应的医学词汇、病例分析表达、临床交际用语等进行讲解，通过语音、语调、语速、声调等的重复刺激，同时辅以相关的医学图片、标本等媒介，加深学生的理解与记忆。

随后，在实际操练或互动环节，教师可以根据课前准备或课上讲解的材料，进行拓展，设置相应的虚拟场景，引导学生进行探讨，并通过小组讨论法、任务法等对口语材料进行练习和再创作。同时，鼓励学生多利用网络教学平台等进行活动，采用医学图片、视频、标本、案例等，随后可通过PPT展示、角色扮演、拍摄微视频等方式在课堂上呈现，让视觉模态、听觉模态、话语模态、触觉模态、嗅觉模态等有效结合、协调作用，使学生进一步参与到课堂中，更为直观、直接、深入地理解所学知识点，并进行有效的产出，既能丰富课堂形式，又能加强学生的医学英语口语交际能力。

在课下，教师还可以设定相应的学习任务，要求学生充分利用网络、图书馆、专业课本等搜集材料，进行阅读、听力、口语、写作、翻译等练习，巩固或拓展课堂所学内容，运用多种模态进一步提升学习效果。教师可以利用微视频、语音微博、微博直播等网络途径对学生的学习效果进行及时的检验和评估，提高学生学习的趣味性和教师反馈的时效度。

口语交际作为英语学习的主要产出途径之一，能有效检验学生对相关口语材料的理解、掌握和应用程度，同时也是学生综合语言能力的重要体现。由于医学英语的特殊性——医学词汇通常冗繁难记、发音自有规律，医学术语通常以缩略语的形式出现在临床情境中，案例分析具有独特的表达方式等，学生若仅通过教师的主观讲述和单一媒介信息的输入，很难有效地把其转换为自己的实际输出。因此，医学英语口语的教学应以先进的信息传播技术为媒介，在计算机技术、互联网技术和移动多媒体技术的交互作用下，采用多模态教学模式，注重教师的引导作用，利用图片、视频、文字等静态资源和动态资源对学生的视觉、听觉、触觉、嗅觉等进行多方位刺激，让学生主动融入教学活动中，参与口语实践练习，提高医学英语口语交际能力，体现"在做中教、在做中学、在学中做""将课堂还给学生"的教学理念，促进医科类院校大学医学英语口语教学的长远发展。

第八章　现代信息技术与英语教学中学生能力的培养

第一节　基于信息技术的大学英语语言创新能力的培养

目前，对学习英语的传统认识，导致我国各大高校侧重于对英语知识理论的学习，完全忽视了大学生对英语的实践及应用能力，使他们不能用英语表达自己的想法及感情。社会对具有英语语言创新能力人才需求的激增以及素质教育的不断推进，提高学生的综合素质，培养创新型人才已成为当今的一种发展趋势。信息技术在大学英语中的广泛应用，更加促进了这种趋势的发展。

一、语言创新的基本概念

语言创新是指语言交际中，在语音、语法、词汇、修辞、谋篇布局或说法等方面以新颖的表现形式，更丰富的思想、情感和色彩而使交际一步到位。简单来说，就是利用语言形式、语篇结构以及丰沛的情感和丰富的思想使交际成功。对于英语来说也是如此，它不仅要求说话者拥有丰富的英语语言知识，而且要把这些知识运用得炉火纯青，甚至相当了解以英语为母语的国家的文化和风情，让英语像一种艺术品一样，去展现它的魅力，充分发挥它作为一种国际语言的功能。

二、阻碍大学英语语言创新能力的因素

（一）教学模式单一，教学理念相对落后

对学习英语的认识不够，教学理念相对落后。英语作为一种语言，最大的目的就是交际，但我国高校的许多教师并没有这个意识，他们往往致力于对教材内容机械的传授和重复，强调对篇章结构的讲解以及对语言点的学习，往往忽视了学生对语言实践应用以及创新能力的培养，导致学生英语实践能力很差。语言创新能力的培养是一种典型的素质教育，但很多高校的英语教师并没有按照新时期素质教育的要求去做，多年来仍沿袭传统的教学方法，导致学生思维呆滞、缺乏思考和创新能力。这种教学方法和理念非常不利于培养学生的创新能力。

教学模式单一，教师角色模糊。在传统的教学模式中，课堂教学的组织模式以教师讲授为主，学生只需要注意听讲、认真记录笔记、及时完成教师布置的课堂练习就算是完成了学习任务。目前，多媒体教学在一定程度上提高了课堂效率，但是许多教师过多地依赖多媒体，模糊了教师在课堂中的角色。这些教师让计算机代教，课堂缺乏个性，讲授内容呆板，上课模式僵化，还导致计算机喧宾夺主，成为课堂主角。

（二）学生侧重于写，自主学习能力差

在学生身上同样存在对学习英语的认识不够。在传统观念的影响下，很多高校学生把英语当成一门科目去学，拿到高分，四、六级证书在手是他们学习英语的最终目标。所以，在大学英语学习的过程中，背单词、积累英语知识、写英语文章、做各种各样的英语试题是他们学习英语的主要方法，他们根本就没有考虑怎样去应用这门语言。

大学生自主学习能力很差。现阶段，几乎每个大学生人手一台电脑，通过电脑，他们可以在自主学习中心进行人机对话，用自己平时学到的英语知识去锻炼说英语的能力，增加英语实践的机会，真正让自己获得多一种外语的优势。英语的第二课堂也很丰富，如英语角、英语演讲比赛、英语知识竞猜及英语美剧赏析等。在第二课堂里，为学生提供了展示英语才华的平台。

（三）应试教育减少了学生实践英语的机会

虽说国家提出素质教育已经很长一段时间了，但我国很多高校并没有积极响应，仍然在走应试教育的路。目前，大学英语的教学仍然重视理论知识的学习，考核学生的学业成绩仍然主要依靠一张试卷，甚至有一部分的院校把能否通过四、六级作为学生能否拿到学位的评判标准之一，导致很多学生在读、写方面下的功夫很足，但听和说的能力却很差。在这种情况下，让学生自觉地意识到说的重要性几乎是不可能的，这种环境严重阻碍了学生对英语语言的实践机会和创新能力。

三、提高大学英语语言创新能力的方法

（一）改变对英语学习的认识，利用好计算机现代技术

正确的英语学习观念对学习英语有着重大意义，尤其是教师，因为教师不但对学生传授知识，还是学生精神上的导师，对学生的观念、行为影响重大，因此教师必须要改变对英语学习的认识。把英语当作一种语言去教，以学生为主体，除了教授基本的英语知识外，更重要的是让他们说。在计算机技术的前提下，首先在上课之前布置一个与本堂学习内容有关的任务并让学生分成小组进行讨论，然后再派小组代表让他用英语来说出本组的结论，并让小组之间进行相互评价、情景模拟。比如，让学生在一个餐厅里用餐，用英语评价一下整个餐厅的环境，讨论一下吃饭的内容；又或者让学生简单叙述一下他们昨天的经历，或者讲有趣的事和笑话，反正就是说，一定要让他们说，加大对他们英语交际的训练。做

到学一点，会一点，用一点。对于那些害羞或者恐惧的同学，更要加大他们说话的频率，让他们克服这种恐惧，把常常说英语养成一种习惯。

充分利用好多媒体教学，明确学生在课堂上的主体地位。以学生为主体，精心设计多媒体课件，给学生创造一种言情并茂的语言环境或者利用网络放一些相关的物品、音乐、影像资料，提高英语课堂的趣味性，吸引学生的注意力。

（二）提高自主学习的能力

在大学里，最重要的是"学会学习"，对英语课程来说，首先让学生意识到英语是用来说的，而不是用来考的，在此基础上，利用计算机技术，不断提高学生的自主学习能力。基于信息技术的自主学习中心为学生提供了良好的自主学习条件和环境，学生可以在自主学习中心利用互联网和校园网进行英语自主学习。在自主学习中心，学生可以温习过往知识、对新课内容进行预习、人机对话、拓展课外知识，进行英美影视欣赏等。更重要的是，人机对话可以增加学生运用英语的实践机会，锻炼学生听说能力和交际能力。同时，自主学习中心还可以促进师生间的交流，可以让教师及时了解学生的动态以及他们所反映的问题，以便教师更好地进行教学。

进行移动学习，充实课余生活。移动学习最大的优势就是可以自由自在、随时随地地进行学习，使学习不再局限于教室。经常参加或者出席英语角、英美文化讲座、英语口语大赛、英语知识竞猜等活动，在丰富多彩的英语第二课堂中体会学习英语的快乐，提高说英语的成就感和满足感。

（三）建立科学的考核评价机制，创造英语实践环境

想要培养语言创新能力，提高素质教育程度，就必须改革考核评价机制。首先要摒弃期末一张试卷定成绩的传统做法。科学的考核评价机制，不仅要考核学生对知识的掌握程度，还要考核学生的分析能力和创造能力，把学生的课堂表现、课外自主学习，尤其是英语表达能力都列入考核范围内。在这种与分数挂钩的情况下，学生肯定就会自然而然地进行英语表达能力的练习。在进行教学时，教师可以通过计算机网络技术播放一些相关的视频或图片，与学生就视频或图片的主题进行一场一对一的英语对话，活泼课堂气氛，创造良好的英语环境。在这种环境下，学生就会自发地最大限度利用自主学习中心的优势和便利，经常进行人机对话，又或者利用网络无空间的特点多结交一些外国朋友，常常通过视频对他们进行交流和问候。便捷的现代信息技术，良好的英语实践环境，对提高大学生英语语言创新能力极为有利。

总之，在素质教育不断推进的情况下，培养创新型人才是社会赋予我国各高校的历史使命。在信息技术条件下，教师经过精心的课堂设计，可以引起学生对英语的学习兴趣，克服说英语的恐惧；为学生自主学习提供了良好的条件和环境，拓展了学习英语的视野，可以让他们自在地说、自由地表达想法，使英语真正地发挥作为一门语言的功能。全面提升英语教学质量，不断提高学生的英语素质及自主学习的能力，从而达到学生终身学习的目的。

第二节　信息技术在英语教学中对学生思维能力的培养

思维是智力发展的核心。培养学生的思维能力促进学生思维的发展是实施素质教育的首要任务，也是推行目前英语课程改革的重要任务之一。针对学生形象思维多于抽象思维，对形象的事物比较感兴趣的前提下，我们应该在英语教学中促进学生有形象思维到抽象思维的转化。《课程标准》要求：现代信息技术要"致力于改变学生的学习方式，使学生乐意并有更多的精力投入现实的、探索性的英语活动中去"。运用现代化信息技术不仅可以创设生动、形象的教学情景，而且还可以更有力地促进学生创新精神的发展，甚至能够更多地让学生动手、动脑、探索、创造，并挖掘学生潜在的能力，促进生生、师生之间的交流与合作，不断地提出问题、解决问题，促进思维的发展。

一、现代信息技术与英语课堂教学中英语思维的界定

在英语教学中，用英语思维是指在排除本族语的干扰外，学生能简单用英语直接理解、判断和表达的能力。如果没有经过英语思维能力训练的人，大部分都是把自己听到的东西翻译成自己的母语后再储存在记忆里。所以，很多学生英语学不好的原因之一就是他们在用英语表达的时候中文总是在头脑中盘旋而不是直接用英语来表达。例如，我们常见的一些 Chinglish（中式英语），好好学习天天向上就变成了 good good study，day day up. 再如，平常与朋友在街道上遇见时会问："你去哪啊？""你吃饭了吗？"还有和朋友道别时我们经常会说"慢走""走好"之类的客套话。在用英语交流的过程中也习惯性说成"Where are you going?""Do you have dinner?""walk slowly""Go slowly."这些说法听起来让人感觉很不自然。每当我们采用这种方式与人交流时经常会导致交际出现障碍甚至失败。出现这些种种不良原因都是母语在英语交际过程中的不良影响。所以，我们在英语教学过程中应该多让学生听地道的英语，并培养他们一边听一边直接用英语把自己听到而且理解的东西储存在记忆里的习惯，以及培养他们克服母语的干扰，善于诱导学生从母语过渡到直接用英语表达的良好学习习惯。因此英语思维的培养在英语教学中逐渐成为一个重要的部分。但是在目前的教育教学情况下，没有多媒体的大力支持与配合，上述的英语思维培养就没有办法达到良好的效果。可以毫不夸张地说，现代教育技术对我们的英语课堂教学效果的好坏起着决定性的作用。

二、运用现代信息技术扩大信息量，培养创新思维能力

学生创新思维能力的提高，是目前英语教学阶段中的一项非常重要的内容。在日常英语教学中，多媒体信息技术教育不仅可以把学生的信息来源从课本扩大到更广的范围，而且还可以为学生提供了更加新颖的活动情景。

例如，教师在教学第四册 Recycle2 Read and act 时，课文内容中提到学生与家长在野炊过程中突然刮风要下雨，要求学生想象完成故事。那么教师可以有效地利用网络资源提供一些场景让学生去发挥自己的思维想象力：去农场主家避雨、农场主家的热情招待、有什么特殊的农产品等，放手让学生开动脑筋、积极思考，将语言学习与实际生活情景结合起来。这样的教学方式不仅能有效地提高学生的创造性思维能力，而且还能使学生能从多角度、多层面地思考问题，在语言环境中学习、运用语言，达到学以致用的目的。

三、运用信息技术辅助课堂游戏，让学生直接用英语思考

随着学生年龄与年级的不断增长，可以根据他们不同时期的特点有效利用多媒体设计有趣又能够调动学生的直接英语思维的游戏。

如在复习一些简单的单词时，教师可以用多媒体做一些闪卡游戏，让学生快速地说出自己看到图像的英语单词，在这个教学过程中，学生并没有太多时间想中文是什么，而是快速地说出英文。再如，我们学习到 sports（体育运动）这个话题时，教师可以设计炸弹游戏，就是在让学生表演并说出所看到的 boxing/play basketball/go bowling/go skating 等图片与短语，同时 PPT 中没有规律的突然出现带有音效的炸弹，学生这时立即用手盖住头做防被炸状。做游戏时学生会全神贯注，并且心情也很兴奋。这时，整个教学过程就达到高潮。这个游戏不仅可以检验学生是否理解体育运动短语的意思，还可以调动学生的多元感官，调动他们直接用英语表达的欲望，促进英语思维的发展。

四、运用信息技术，有效地激发学生的学习兴趣

兴趣是人们对事物的一种积极的认识倾向，是一种复杂的个性心理品质，但它却能推动人去探索新的知识，发展新的能力。现阶段，学生对具体直观、形象生动的知识、事物有非常浓厚的兴趣，因此运用信息技术教育教学不仅能有效地激发学生的学习兴趣，调动学生学习的积极性，而且还能使课堂教学达到事半功倍的效果。而作为现代化教育手段的信息技术辅助教学，由于具备新颖、生动、形象和感染力强等特点，成功地吸引学生，激发学生的学习兴趣。学生一旦对自己所学的知识感兴趣，就不会感觉到学习带来的疲倦，反而越学越爱学。所以利用多媒体信息技术，通过联系生活实际，选择更贴近生活，具有时代气息的事例，图文并茂，能够充分调动学生的多种感官，有效地激发学生的学习积极性，更有利于教学活动的开展和深入，并加深拓展学生的思维，更有利于学生创新思维的发展，使学生积极主动地参与到学习中来。

现代教育信息技术不仅为英语课堂教学注入了新鲜的血液，而且还为我们的英语课堂教学改革提供了契机，注入了新活力。有效地使用信息技术多媒体网络教学系统，不仅能把英语学习的情景设计得生动活泼、富有创意，更能将学生置身于一定的语言环境中，让学生在一定的语言环境中去领悟语言、操练语言，在运用语言的同时激发学生的创新思维，使学生主体性得到更大发挥。

第三节 信息技术与任务型教学中英语交际能力的培养

随着英语任务型教学的推进，教师的专业化发展已成为促进英语任务型教学发展的重要因素之一。在飞速发展的信息化社会里，教师必须不断进步才能顺应科技的进步和社会的发展。从这一方面来说，教师必须不断学习、深造。随着教育信息化的发展，英语教学与信息技术相结合的教学模式的推广，启发和引导师生去获取课本之外的学习资源，通过各种渠道得到声音、文字和图像的资料就成为必要，因此在当前积极推进教育现代化、信息化的大背景下，倡导和探索信息技术和英语教学相结合的教学，对于培养学生信息素养、开发学生的创新和实践能力、养成终生学习的习惯，有着十分重要的现实意义。

作为一种新的课程教学理念和教学模式，信息技术与课程整合有着很深的理论背景。据研究，主要包括心理、知识论、社会学和教育理论。对课程整合有重要影响的心理学理论有发展心理学、多元智力理论、成功智力理论等。信息技术与英语教学的整合主张学生是学习中心，是信息加工和意义的主动建构者。所有这些都为信息技术与课程整合的进一步发展提供了理论指导。教师要不断学习这些新的理论，努力搞好教育教学。英语教师作为课程的设计者和开发者，要使自己适应形势发展的需要，就必须进行不断的学习。在多媒体网络化教育环境下进行多媒体网络教学，不仅要具备普通教学的基本素质，还要具备计算机技术、视频技术、编导理论等方面的基本知识，用信息化教学设计的方法来进行课程与教学设计。以下是在英语教学中培养训练学生口语交际与任务型教学的具体实施过程。

一、创设语境，实现信息技术与英语任务型教学的整合

多媒体的应用能为英语课堂交际活动提供接近于真实、自然的虚拟交际环境，使学生很快进入语言环境之中，为任务型教学中英语交际能力的培养做铺垫。如介绍有关职业的单词 fireman 和 doctor。通过让学生观看一段电脑多媒体动画片段，了解火灾现场中会有谁来帮忙。学到了新单词 fireman 和 doctor。这样使学生脑海中出现的不再是书本上枯燥无味的静止图片，而是动态的、形象的内容。多方面刺激学生的大脑，使他们对教学中出现的内容，在交际时能运用自如。再如，学习怎样介绍家庭成员时，可以利用扫描仪将所有学生的全家照输入电脑，由电脑随机抽取，被抽到的学生介绍一下自己的家庭成员。通过这种形式，让每个学生都有开口的机会，不少学生在介绍的时候，还增加了新的内容，如年龄、工作单位等。同时通过创设虚拟的交际情境，还能营造出浓厚的语言氛围，使学生能自由地进行交流，提高表达能力，更好地掌握语言。

二、来自多媒体的教学资源，拓展学生口语交际范围

来自电影的英语资源，观察以下两组英文电影的两组镜头：

镜头1：某人到朋友的新房子拜访，临别时，他回头对朋友说："I like your house！"

镜头2：（来自电影《沉默的羔羊》）一位高级女官员为了寻找被绑架的女儿的下落，穿着西装与一位可能知道线索的在押罪犯谈判。在押罪犯希望合作成功以便使自己减刑，于是在临走前，回头对女官员说：I like your suit！

让学生看这两组镜头，是为了让学生了解镜头中的英语句子，是为了让听者感到高兴或者至少感觉到他在和你"套近乎"。反思：如果在中国类似的场合里人们会说出同样的话语吗？如果我们把"学会语言"定义为"不但掌握了语言的形式，而且学会了语言的运用"的话，那么，即便是很简单的话语也不一定容易学会。因为你可能只掌握了它的形式（如会拼写"I like..."这个句子）却不知道在什么场合中使用才是准确而得体的。因此，体验语言的交际功能至关重要，而体验语言的交际功能需要语言运用的真实环境。影视材料恰恰为我们提供了书本教材所不能模拟的语言运用环境，使我们对语言的使用有"身临其境"的感受。

所以说利用多媒体进行英语教学不仅是有效地实现英语课堂交际教学的重要环节，更能从空间上拉近学生与外界的距离。它能够有效地提高了学生的口语交际能力，激发了学生的学习兴趣，使学生产生了强烈的学习欲望，从而形成学习动机。实践证明，学生在这种环境中有了主动参与的可能，为发挥自身学习的主动性、积极性创造了有利的条件。

第四节　大学英语教师 TPACK 能力的培养

从现代信息技术与大学英语教学的关系探讨大学英语教师技术型学科教学知识能力（Technological Pedagogical Content，简称 TPACK）的培养与应用。TPACK 能力是指教师运用信息技术整合学科内容和教学法知识的一种新型能力。通过分析信息时代对大学英语教师提出的新要求以及大学英语教师 TPACK 能力的现状，探讨培养大学英语教师 TPACK 能力的方法，并结合 TPACK 的内涵，提出大学英语教师 TPACK 能力在实际教学中满足学生需求、优化信息技术、符合内容需要的应用原则，以期在有效提高学习效率的同时完善教师自身的专业发展。

根据最新颁布的《国家中长期教育改革和发展规划纲要（2010—2020）》，各级教育部门应该高度重视信息技术对教育发展产生的革命性影响，应该提前完善信息技术辅助教育的软件和硬件配套，促进教育内容、教学手段和教育方法的信息化和技术化。作为优质教育资源比较集中的高校已经开始开发各种网络学习课程，创建网络教学模式。这对大学英

语教师提出了更高的信息素养,教师必须改变教学方式、更新教学理念和提高教学成效。然而,很多研究却表明,在实际的大学英语教学中,很多教师不能有效地利用信息技术来实施现代化教学,大学英语教师的信息素养和技术型学科教学知识能力(TPACK)普遍偏低。因此,只有通过培养才能不断提高大学英语教师的 TPACK 能力,实现信息技术、学科内容与教学法的优化整合,并在实践教学中把握相关的教学运用原则,最终才能促进学生的大学英语学习,从而推动信息时代下教师自身的专业发展。

一、信息时代的新要求和大学英语教师的 TPACK 能力

(一)信息时代对大学英语教师的新要求

信息技术对大学英语教学的促进作用已经显而易见、毋庸置疑。目前电脑在大学英语教学中已经不再是辅助和从属的角色,它已经逐步成为教学前沿必不可少的条件之一。胡加圣也认为传统的外语教学正逐渐被现代信息技术所改变。借助信息技术,大学英语教师可以通过多媒体来加工、制作和传授各种多模态学习资源,实施因材施教的个性化教学。然而,信息时代也对大学英语教师提出了新的要求。教师除了应该具备传统课堂所需的英汉双语知识、教学法知识、教育学知识、教育心理学知识、人文素养与科技常识和科研常识外,还应具备在教学中使用现代信息技术的能力。信息技术能力的核心是指教师在大学英语教学中对语言文字和其他数据的处理,如制作、编辑文字与图片,复制存储,发送信息录制,编辑音频、视频文件等。

(二)大学英语教师 TPACK 能力现状

随着信息技术的不断发展,对大学英语教师信息素养的要求也越来越高,有学者开始研究信息技术在实际教学过程中与其他知识之间的动态关系。Mishra 和 Koehler 提出了 Technological Pedagogical Content(简称 TPACK)的概念:技术型学科教学知识。教师的 TPACK 能力就是指能将信息技术、学科知识和教学法整合到实际教学过程中的一种能力。

目前我国大学英语教师的 TPACK 能力普遍偏低,我国的外语教学对现代信息技术的利用程度还很低,仍然停留在初级阶段。许多大学英语教师制作的 PPT 课件是对课本内容的单纯再现,它们只是课本的电子翻版。多数课件应以静态方式为主,少有动态的多模态因素参与,相关的学科数据库或语料库更是寥寥无几,很多教师纯粹是为了技术而使用技术。具体表现如下:(1)缺乏必要的信息素养。(2)具备信息素养但不愿投入大量时间精力。(3)学校或教师的软硬件配置低或不匹配。(4)由于受到技术水平的限制,课件缺乏表现力。有学者对大学英语教师的调查发现,绝大多数教师承认自己 TPACK 能力不足,半数以上的教师认为自身缺乏教学所需的必要的信息素养,较多教师则认为学校软硬件发展滞后,很多教师认为自己缺乏 TPACK 知识且没有培训机会。随着信息技术发展和应用的突飞猛进,加强大学英语教师 TPACK 能力的培养已经迫在眉睫,否则势必会影响学生的学习效果和大学英语教学质量的提高。

二、大学英语教师TPACK能力的培养策略

（一）通过培训提高TPACK能力

培养大学英语教师TPACK能力最有效、最直接的方法就是定期有计划地组织培训。培训可按照教师所在课程组或学科团队、年龄或工龄、学科内容和难度来进行分组，针对教师在教学中遇到的实际问题，可以集中解决和协调多门课程在课件制作方面的问题，共同参与精品课程和网络课程的建设。同时，对新教师进行岗前培训，对老教师进行知识结构的更新调整，有条件的高校建议组织教师到校外交流、学习和培训。只有从根本上培养和提高大学英语教师的TPACK能力，才能让广大教师明确"何处应该使用技术""具体应该使用何种技术""如何根据教学内容和教学法恰当地使用技术"。

（二）通过应用提高TPACK能力

当大学英语教师明确了TPACK能力的内涵，并具备一定水平的TPACK能力之后，就应该考虑如何在实际教学中应用这一能力。下面从学生的认知能力、内容的实际需要和呈现的数量方式几个方面来探讨TPACK能力的实际应用。

1. 符合学生的认知能力

在大学英语教学中，每个学生都具有不同的认知能力、认知方法和认知水平，此外，每个学生的学习方法、学习风格和学习策略也不尽相同，因此，教师在应用TPACK能力的时候，一定要综合考虑学生的个体差异，因材施教，实施个性化教学，最大限度地为学生提供丰富多样的学习资源，营造浓烈、活跃的课堂氛围，使学习者充分发挥批判性思维，加强对抽象内容的具体认识，同时在这个过程中深化对语言知识的掌握和应用。

2. 满足内容的实际需要

TPACK能力在实际教学中的应用是由教学内容、教学形式和教学环节决定的。大学英语教学的内容包含语音、语法、语意和语用等，如果是文化层面更是上到天文，下到地理，涉及吃、住、行、游、购、娱等生活的方方面面；教学形式可以通过阅读、写作、翻译、听力和口语来实现；教学环节则包括课前、课中、课后、周末、学前、期中、期末、假期、大一到大四等。因此，针对纷繁复杂的教学活动体系，如果只是单一的文字学习会使教学枯燥乏味，教师可以通过应用TPACK能力添加相对应的图片和视频即可填补抽象文字的认知空白，适时调整教学模式和方法来适应不同教学环节不同学习内容和不同阶段学习者的学习需要。

3. 控制呈现的数量方式

过度使用TPACK会增加课堂信息的呈现数量，学习者认知负荷过重就会妨碍学习，但如果运用太少也会因为没有有效的信息输入而影响语言学习的效果。Sweller将学生的认知负荷分为三类：内在认知负荷、外在认知负荷和生成认知负荷。内在认知负荷主要包括学习内容的难易度和学生原有的知识基础。内在认知负荷与学习内容的难度和学生相关

的知识积累成正比。因此，在教学过程中通过运用多模态信息资源能有效降低内在认知负荷，也就是说，此时应用 TPACK 能力就是合理有效的。应用越多，负荷下降越低就证明应用越有效。外在认知负荷包括学生在学习过程中受到的来自学习环境和教学方式等外在因素影响产生的心理负荷。从事语言教学的教师如果忽视学生的认知水平和学生的实际需要，过度或不恰当使用 PPT、图片和视频等多模态教学方式不仅不利于学生集中注意力，还会造成有效教学时间的流逝，挫败学生的学习积极性，从而影响整个语言教学的效果。生成认知负荷包含学生在学习过程中获取到的与学习内容有关的知识及自身认知相关知识的图式架构。教师通过应用 TPACK 能力在课堂教学中使用信息技术的根本目的就是要帮助学生生成这样的认知能力，构建这样的相关知识框架，促进学习的有效进行。

TPACK 能力不仅是某一个学科单方面的知识再现，也不是语言基础知识、信息技术知识和教学法知识的简单叠加，它是多种知识整合优化和应用的结果。现代信息技术的应用要求我们考虑大学英语教学中的全部要素和各个教学环节，教师的 TPACK 能力也应随着信息技术的发展而发展。具备 TPACK 能力的教师能在语言教学活动中全面审视和深刻反思教学活动，通过将学科基础知识、信息技术和教学法这三个因素进行有效的整合和优化，来创设更有利于学生学习知识的教学环境，从而不断拓宽教学渠道和教学领域。大学英语教师在整个培养和提高自身的 TPACK 能力的过程中，也将最终实现自身的专业发展。

第五节　信息化条件下的大学英语自主学习动机培养

一、引导学生制定正确的学习目标，激发学生自主学习动机

"目标本身就具有激励作用，目标能把人的需要转变为动机，使人们的行为朝着一定的方向努力。""正确的目标定向能够激发学习者的学习动机。"当学生明确了自己学习的目标，就会集中精力投入目标学习中。因此，在大学英语教学中培养学生的英语学习目标是非常重要的，尽量不要以达到某一定成绩为目标，而要让学生知道学习的意义。

（一）明确学习目标

学习目标主要包括课程目标和单元目标。根据我校学生的入学情况，学生的英语水平为中等偏下水平，离达到课程要求的一般水平还存在一段距离。因此，新生入学的第一堂英语课，教师就要告诉学生大学英语课程的总体目标，即"培养学生的英语综合应用能力，特别是听说能力"，让学生意识到与中学应对考试的目标不同，及时转变那种重语法词汇轻听说的现象。其次让学生了解学期的目标即完成书本多少内容、课后任务、听说读写译的具体要求及教师监控与评估的方法。最后再细化到单元的具体目标，如各单元听说读写译学习的知识点及各项要求等，让学生对此课程有更清晰的认识，知道大学阶段的英语学

习的重点是实际应用能力。教师在授课前用 QQ 或者雨课堂"公告栏"明确告知学生每次课的知识点及预习要点，让他们带着任务自学，并不断强调大学阶段自主学习的重要性，从而激发学生自主学习的动机。

（二）监控学习进程

监控学生的学习进程可在网上和网下执行。网下一般是指在课堂教学中进行，课堂中教师通过提问、讨论、表演等形式来检查学生的听说及单元知识点的掌握程度。网上监控一般是指教师布置单元任务，设定学习进程和完成时间，教师不定时检查学生学习的进度及效果，发现问题应该及时解决和指导。在确定学习进程时，教师要根据学生实际水平来设定，关注学生的学习动态，在线辅导基础差的学生，要让基础差的学生感受到教师对他们的关爱和鼓励，让他们没有理由放弃学习的机会，一步一步地向目标靠拢，慢慢培养他们学习英语的兴趣。

（三）课堂任务引导

学生有了明确的英语学习目标后，教师还应在课堂教学中，设置能启发学生进行思考的问题，根据书本内容引导学生完成任务。如在学习读写第一册第一单元"学习一门外语"的时候，根据教材的两篇文章"Learning Foreign Language"和"Key to successful online Learning"，引导学生比较中学阶段和大学阶段学习内容的差异，最终引发全体学生关于学习方法的讨论：How to be a successful language learner in my university? 通过讨论，达成关于大学阶段英语学习的共识：

Be open-minded about sharing life, work, and learning experiences as part of online learning.Make critical thinking and decision part of online learning.Keep up with the progress of the course.

通过课堂学习，学生不仅掌握了本单元的语言知识要点，还能培养他们独立思考的能力，而且能与自己的实际生活相联系，可以极大地提高他们学习兴趣，学习效果不言而喻。"对学习结果的价值意识是推动学生自主学习的重要内部动力。"

二、应用信息化技术线上引导及面对面交流，降低学生的焦虑

高校校园网络的普及化、手机功能的多元化，使学生可以轻松地在网上查找到自己想要的资料，但过于丰富的资源使学生不知如何选择，完全不加选择地都学习不仅要花费大量的时间，而且并没有什么效果。特别是新生，因为他们还没适应新环境和新的学习方式，思维意识还停留在对教师的依赖中，期待教师的指点和引导，如不及时地引导他们，学生很有可能产生焦虑的情绪，甚至丧失学习的信心，从而无法完成学习任务。有些学生因此放弃网络自主学习。因此，教师应该使用网络在线信息引导和课堂面授反馈相结合的方式，帮助学生掌握学习方向、提高学习效率。

（一）在线信息引导

我们利用信息化手段在线指导学生正确查找英语学习资源，减少因浏览网页而浪费的时间和精力，还可以减少资源过于丰富不知从何处下手的学习迷茫和焦虑。用QQ公告栏告诉学生每次课的知识要点和难点、如何利用网上资源来学习各单元知识点、怎样攻克难点，帮助学生有效地完成自主学习任务。这样不仅解除了因面对面的交流而造成的胆怯和不安的心理现象产生，还能让每个学生都获得成就感，从而慢慢培养学生自主学习英语的兴趣。

（二）课堂面授反馈

教师不再是课堂授课的主角，而主角应该是学生，也就是现在所倡行的"翻转课堂"，采用多种多样的方法检查学生线上和线下的学习情况，告诉学生普遍存在的问题，引导学生分析造成共性问题的原因，采取何种措施解决这些问题，不断提高学生自主学习效率。如在读写课堂训练学生的阅读技巧时，教师先对每个段落设置问题，注明各段落中的核心词汇和短语，然后让学生在课后使用网上资源查找作者的写作目的，分析整体的篇章结构及主题思想，在下节课堂上教师让学生进行短语翻译、词汇造句、段落讲解、设置情景对话或表演的形式等，检查学生的学习情况。在各项活动结束时，教师首先对学生的自主学习表示肯定，对存在的问题加以讲解，让学生认识到自主学习的不足之处，并不断调整自主学习方法，增强学习信心。

三、丰富多样的教学方法，培养学生的自主学习兴趣

信息化技术丰富多彩的网络资源给大学英语教学提供了直观、生动、形象的学习情境，但教师不能任意选取一个视频或音频展示给学生，一定要结合书本相关的内容来选取，还要兼顾学生现有的英语水平，否则将毫无意义，也没有学习的价值，更不能提高学生的注意力和学习兴趣。

（一）主题讨论

QQ、微信等信息化网络平台为师生讨论提供了技术的支持。教师根据单元教学内容设置问题，学生针对该问题分组进行讨论。例如，在新世纪《综合教程》第二册第三单元"The Road to Success"的教学中，教师在师生讨论组里提出了 What is a successful person like according to your understanding of success？的讨论话题。让学生不受内容限制，也不用担心自己的观点是否正确、语句是否违背语法规则等，和教师以平等的身份参与问题讨论。目的是给学生创造轻松无压力的气氛，让更多的学生积极参与面对面交流，不会表达的英语词汇可以用中文代替，要求学生在课后查找用中文代替英语单词的多种表达方式，并牢牢地记住。慢慢培养学生用英语交流的习惯、学生自觉地渴望用英语交流的热情。

（二）人机交互

教师鼓励学生充分利用英语语言学习中心的英语学习平台练习《视听说》教材中的口语和听力，边听边复述听说材料中的对话内容，掌握句子中单词连读、弱读和重读的发音技巧，这样不仅训练了口语、听力，还为视听说课堂上的口语对话活动做好准备，也激发了学生运用语言交流的热情和学习英语的兴趣，使他们更加主动地开展英语自主学习。

（三）课堂情境创设

信息化技术的使用彻底改变了大学英语课堂教学的方式和英语教师的备课模式。在课堂上，教师主要是欣赏学生的作品成果，不再是讲台上唱独角戏的人。在备课中教师要想方设法设置情景内容，提前布置内容给学生进行自主学习准备。例如，每次课堂开始的导入部分，播放一首与单元主题内容相关的歌曲、一段小视频或音频来吸引学生对课堂内容的兴趣，引发学生对主题内容的思考。一次课采用多种教学方法，如设置问题小组讨论、抢答、学生制作与展示 PPT、歌剧表演等方式，也可以让学生自我选择表现形式，让学生充分展现自我能力，不仅能够让学生快乐地学习表演等其他技能，而且还能激发了学生自主学习的兴趣。

四、培养合作式的学习氛围，维持自主学习动机

信息技术环境下的大学英语自主学习充分体现了学生学习的个性化特点，但缺少师生和生生之间交流与互动，学生稍遇到困难就很容易产生焦虑和不安的情绪，甚至会有厌烦或放弃学习英语的念头。如果此时他们能及时得到师生的帮助和鼓励，这种现象有可能会得到扭转。研究表明，"好的学习氛围能激发学生的学习动机，使他们保持学习的热情，帮助学生养成良好的学习习惯、培养自尊心与自信心，达到对知识意义的建构"。教师不能把学生的自主学习当作是学生的自学而放手不管不顾，而是要营造师生间互帮、互助、相互交流、讨论合作式的学习氛围。

（一）在线交流

教师指导学生充分利用网络资源优势，开展多种多样的形式进行交流、讨论。例如，在《朗文交互大学英语》进行网络学习时，如果学生有问题可以通过班级 QQ 群或微信群在线提问，师生间、生生间在群里讨论或回答问题，每个学生都可以表达自己的观点，也可以质疑别人的观点，共同协助解决问题。在线交流形式多样，如用 QQ、微信语音功能自我介绍，传递电子邮件、讨论、提问、辩论、交流学习体会等培养学生主动参与的意识。

（二）在线合作学习

在线合作学习是授课教师根据教材或与教材相关内容在句酷网中给学生布置一项或多项任务，学生可以独立完成，也可以合作完成，合作完成主要是英语基础好的学生带动基础差的学生进行学习和辅导。这种学习方式具有很大的灵活性，既可以同时进行，又可以

在不同的时间进行，只要是在规定的时间内完成即可，合作学习的成果最后在全班共享，特别优秀的成果也可以年级共享。如在新世纪《综合教程》第一册第三单元的教学中，教师要求学生在线学习准备有关父母与孩子的小组课堂活动，内容涉及父母对孩子的影响、父母与孩子间的关系、孩子赡养父母问题、中西方父母与孩子间差异的问题。由英语课代表负责小组分工，小组长再分配各小组成员任务，各位成员在线自主学习完成自己的任务后，由小组长在线汇总，课代表收集各小组长的成果进行归纳汇总，及时发现问题在线讨论，学生不能解决的问题在线请教教师解答，最终完成任务。这种学习方式提高了学习效率，让学生有成就感，自然而然地就会对英语自主学习产生兴趣。

（三）课堂合作学习

课堂合作学习是教师把课堂的主角让给学生，让学生积极参与到课堂中，避免课堂气氛沉闷，培养学生独立思考和敢于发言的能力。教师的课堂讲授能够起到启发和引导作用，培养学生在有限的时间内尽可能地展现自我，增强学生学习的信心。课堂合作学习的形式多样，如拼图法、猜词法、抢答法、编号法、分组讨论法、记分法等。这些教学方法要求教师在授课前根据授课内容和学生现有的实际水平充分做好备课准备。方法或问题的设置既要顾全大局，也要兼顾基础不好的学生，只有这样才能让学生积极参与其中，快速思索，使每个学生意识到自己在课堂中的重要性，然后教师抽取学生发表自己的观点、看法，最后教师再做点评总结。点评时，教师首先要肯定学生观点，然后再分析不足。这种学习方法不仅解决了基础差的学生学习困难，又活跃了课堂气氛，还有助于建立师生间亲密的友谊，同时帮助学生克服焦虑情绪，增强学生学习信心，不断强化其内在学习动机。

总之，大学英语教师要依据自己所授班级的实际情况，因材施教，充分利用信息化条件，不断地变换教学方法，活跃课上与课下学习氛围，激发学生学习英语的动机，培养现代社会所需要的人才。

第六节　基于混合式学习的英语课程思政 TAP 教学模式研究

随着科学技术和网络技术的不断发展，教育技术正在发生着变革，混合式学习模式正在取代传统的课堂教育模式。基于二语习得的认知理论和教育学原理提出了基于混合式学习的英语课程思政 TAP 双线教学模式（简称 TAP 模式），并设计儒家孝道思想与英语课程思政融合发展为课程思政元素，分析了基于儒家孝道思想为课程思政元素的 TAP 教学模式实践研究，为有效解决英语课程思政混合式教学提供了理论模式和实践教学参考。

一、概述

"所谓混合式学习是指在线学习与传统课堂面授二者的结合。课堂面授中的师生互动有利于教师发挥主导作用,在线学习则因其很强的交互性且资源非常丰富、触手可及从而有利于学生自主学习、自主探究。这二者的结合对于我们当前的高等教育深化改革是最有利的。"(何克抗,2018)在当前,要落实立德树人的根本任务,各个学科都在加强课程思政教育改革,如何在英语教学中运用混合式学习方式,开展课程思政是非常值得研究的热点问题。本节基于作者的教学理论研究和实践经验总结,提出了基于混合式学习的英语课程思政 TAP 双线教学模式(简称 TAP 模式),为有效解决英语课程思政混合式教学提供理论模式参考。

二、基于混合式学习的英语课程思政 TAP 教学模式介绍

基于二语习得的认知理论、教育学原理、英语语言能力等级分类和人类认知的五个层级(蔡曙山,2015),根据学情分析,充分考虑基础教育阶段与高等教育阶段英语教学的衔接,通过对英语教学系列课程的学习,培养学生能进一步掌握英语语音、语法、词汇、篇章基础语言知识,以及综合语言听说读写译基本技能,培养具有家国情怀和优秀个人品德修养,基于优质在线开放课程,使用在线教学资源、移动 APP 等现代教学方式,开展线上学习和线下面授有机结合的混合式教学,自创设计 TAP 双线教学模式。

TAP 教学模式设计课前主要以任务驱动下的探究式自主学习为主(Task-based and Inquiry teaching model),按照语言的输入和输出的方式,设计视频、音频"听"的输入和阅读文本资料"读"的输入,以及思维导图和各种学习小测"写"的输出和语言语音表达"说"的输出的活动设计。课中围绕知识目标、能力目标、思政育人目标开展活动(Activities),突出活动设计目标的聚焦性,活动开展过程形式灵活多样。课后设计以单元主题为项目主题(Program)开展各个小项目的实施,既有小组协作也有个人实训项目,然后基于项目的运用和完成情况进行总结和过程性评价,对现有设置的课程目标进行调整和持续改进,不断反思从而形成一个完整的 TAP 教学闭环。

一是活动设置的课程思政隐形线,弘扬社会主义核心价值观与立德树人的教育目标相结合,开展英语课程思政,以家国情怀、个人品德修养、传统优秀文化为思政元素融入教育教学 TAP 的各个环节,形成一条课程内涵建设的隐形脉络。

二是活动设置教育技术线,是教学方式采用线上线下混合式教学方法开展的课堂内外教学。课堂内多媒体教室和各种实训室进行硬件支持,线上超星教学平台、网络教学MOOC、SPOC 和 APP 各种学习软件进行无限空间不限地点的支撑,实现教学资源与实际教学连接,实现现代教育与数字世界融合,实现更多维度、更多复杂交织在一起,记录学习过程形成过程性评价,及时反馈和监控,共生创造出全新的价值、全方位的服务教学目标,打造多维的学习效果。

整个活动设计的逻辑和模型图如图 7-1 所示:

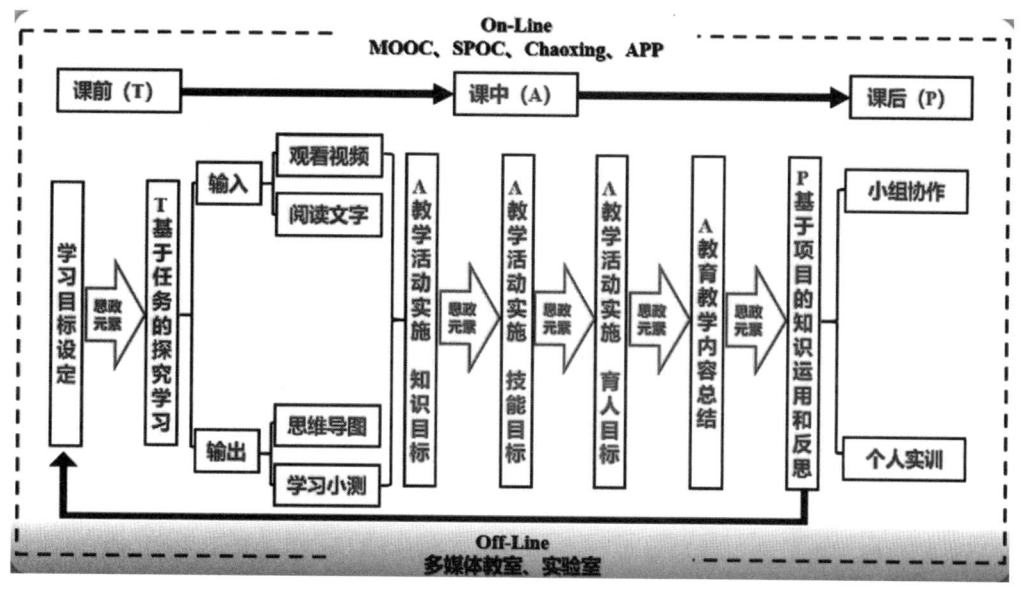

图 7-1 活动设计的逻辑和模型图

三、儒家孝道思想与英语课程思政融合发展的必要性

TAP 教学模式中课程思政的元素，可以是多元多类型的，本节主要介绍以儒家孝道思想为主要课程思政元素的融合设计。儒家思想与英语课程思政融合发展主要存在以下三个突出现象：第一，目前英语教学中，发现"中国文化失语症"现象突出（汪波，2020）。在知网等数据库搜索发现研究课程思政与英语的研究比较多，但是涉及儒家孝道思想与英语课程的核心文献却寥寥无几。这是一个课程思政教育理念指导下的非常具有时代性的新话题，研究还处于起步阶段，未来发展可期。第二，课程教材编排中中国传统文化的不足（马亚楠，2019）。比如，现行的大学英语教材较多的立足于西方文化，多以介绍西方文化为目的，以英美文化、英美报刊选读为主，缺乏中国文化内容。文化内容的偏狭选择导致中国文化边缘化，涉及儒家孝道思想文化研究较少，进而就无法在教学中教授和渗透儒家思想的文化精髓。第三，教师的自身教学能力和综合素质有待提升。目前的英语教师大多是单一的英语课程进行教学，而儒家孝道思想与英语课堂融合是一种新颖的方法与构架，因此在探索过程中会出现很多意想不到的问题，这就要求教师有足够的综合素质能力和过硬的专业技能，才能达到英语教学目标与课程思政的融合。

四、基于儒家孝道思想为课程思政元素的 TAP 教学模式实践研究

TAP 教学模式来源于实践，服务于教学实践。选取笔者所在单位采用的郑树棠教师主编的教材《新视野大学英语视读写教程 1 智慧版》，第二单元第一篇课文的导入部分，Text A: A child's clutter awaits an adult's return，Lead-in 为例。

在上课前（T-任务）设置三个任务。任务一是每个学生在 APP 上打卡百词斩和英语流利说，班长统计本周学习进度，完成语言的输入和输出自主学习，形成过程性评价依据。任务二是介绍学生的家庭成员，具体要求为学生画一个家谱或录制一段关于他们家庭的视频，然后介绍家庭成员、父母的生日以及他们之间的关系。学生可在超星教学平台上传图片和音频视频文件，形成过程性评价依据。任务三是自主探究和准备信息。每个小组尝试搜索一些关于孝道的故事或诗歌或歌曲，并将其中一个搜索内容上传到超星教学平台。学生完成个人自主作业和小组作业，初步自主达成知识目标和思政育人目标。

在上课中 (A-活动) 主要设置了三个活动。活动一是检查和翻译。首先介绍习近平总书记的文化自信和蔡曙山教师关于《论人类认知的五个层级》(2015)。根据我国当下主流文化思想和学术研究角度强调文化认知和认同的重要性，进一步转向本单元的课程思政主题中国传统孝道文化和家人亲情关系的学习，让同学了解文化的重要性。然后是教师对作业的集中反馈和评价分析，并展示教师准备的材料进行导入。活动介绍中国传统孝道和儒家文化，初步了解孔子和《孝经》，再转到欣赏翻译界泰斗许渊冲关于"意美、形美、音美"的视频，强调中国诗歌之美，进一步考虑课文中母女离别和亲情的主题思想，选取设计《游子吟》的欣赏和翻译，能力上培养初步的古诗欣赏与翻译能力，内容上与后续课文分析进行紧密衔接。活动二是设计以关爱孩子为主题的表格，即从家长的角度来看，学生应该考虑对孩子的期望水平和满足程度，然后选择孩子与家长实际理解之间的差距水平并填写表格。活动三设计以慈爱的父母为主题的表格，从孩子的角度，学生应该思考如何孝敬父母，向父母表达孩子的爱。学生在规定时间内填写表格，然后教师及时给出反馈。活动二和活动三的目的主要是从不同站位和角度理解父母与子女的关系，培养学生换位思考的能力，加强亲情理解与沟通能力。

在课后作业（P-项目）。首先继续语言输入和输出的为期一个学期的 APP 作业项目分段学习，学生完成常规 APP 单词打卡和流利说作业。同时设计学生与父母的亲情互动环节，设计手工劳动环节，亲自制作一张卡片送给父母，用英文表达爱意、欣赏、理解或歉意，并且下节课将卡片带到教室。学生运用本节课所学的知识和能力基本都能完成，而且通过制作一张卡片的作业设计使课程思政育人目标得到具体落实和升华。

实践教学过程基于 TAP 模式设置不同类型的任务、活动和项目以全人教育、产出导向的教育理念为引领，课前、课中和课后充分应用 T、A、P 设计逻辑和流程。内涵一线是在思政元素融入英语教学中，树立正确的情感态度和价值观，外显二线是教学方式采用线上线下混合式教学方法开展课堂内外教学，不断延伸了教育教学的时空界限，完成了英语知识目标、欣赏和翻译能力目标和思政孝道思想。此外，从不同角度设计活动，可以达到理解并改善子女和父母关系的育人目标，让价值链条贯穿于学习全过程，体现语言学习和育人引领融合的教学创新。

五、结语

科学技术和信息的不断进步,影响着社会经济发展,教育改革发展也是必然趋势。教学方法需要与时俱进,课程思政的内涵思想需要与时代精神相契合,教育技术和智慧教学相接轨,需要创新改进旧的教学理念与方式,TAP 双线教学应运而生。本节设计儒家孝道思想与英语课程思政融合发展为课程思政元素,让思想、知识、技术、价值链条贯穿于学习全过程,是基于儒家孝道思想为课程思政元素的 TAP 教学模式实践研究的一次改革尝试,体现语言学习和育人引领融合的教学创新。这个模式不仅适合大学外语教学、综合英语教学、英语专业课程,也适合推广到一般文科课程,但需要不断完善和持续改进,同时希望为理工科的教学模式提供一定的参考和借鉴。

第七节 教育信息化背景下高校英语线上教学创新路径

新冠疫情期间,为响应教育部提出的"停课不停学"号召,高校英语教学经历了线上教学考验。众多高校英语教师加入学科与技术融合的行列,利用网络平台教网课或开网络课程,实现教师在网上教、学生在网上学的学习方式。然而,从高校英语线上教学实践和信息反馈来看,线上教学也凸显了某些问题,在教学设计、教学实施和教学评价等方面有待改进和完善。实现高质量的线上英语教学,需要找准英语线上教学目标,构建稳定顺畅的线上教学平台,开辟科学合理的课堂实施路径,能够有效促进学生英语习得的成效和语言能力的提升。

一、高校英语线上教学问题与整改措施

通过调研了解到,在教育信息化背景下,高校英语线上教学问题主要表现在以下方面:首先是学习参与度问题。一些学生在线上课堂中参与度不高,学习积极性未被充分调动起来。多数学生发言不积极,习惯于教师讲座式讲解,被动记笔记,缺乏对学习内容进行质疑的主动思考,导致以学生为中心的教学设计变成教师的"一言堂"。其次是教学交互性问题。由于学生课前未对学习材料提前预习,对学习内容没有进行深入探究,导致课中无法与教师展开互动。部分学生在语言任务或小组活动中依赖语言能力强的同伴完成。再次是目标达成度问题。线上教学由于不能进行面对面的学习,学习活动受到限制,教学组织缺乏灵活性。实施线上教学不能对学生实现有效的监督,所以课堂学习效果和学生学习状态无法得到保障。最后是学习支持条件问题。线上教学会受到网络环境的限制和影响,如网络卡顿、掉线、语音质量欠佳,学生在嘈杂学习环境中对学习的干扰,这些情况不仅影响课堂教学质量,同时对英语课堂的连续性也产生一定的影响。

针对上述问题，可以结合线上教学经验，整改措施包括：第一，可利用高校英语线上教学平台以及相关的软件，向学生发出抢答邀请。例如，使用收集摇一摇功能选择学生进行回答，对于回答正确的学生给予加分奖励，提高学生的参与度，增强英语线上教学的趣味性，并且能有效吸引学生的注意力。第二，为触发交互性，教师线下布置问题让学生思考和探究，线上课堂带领学生讨论和解答问题，尤其鼓励学生原创性的见解和分析论证，指导学生对知识点进行归纳和整理。第三，为实现教学目标，教师在线上教学时可提供小测试，检测学生英语语言文化知识掌握情况，可以创设虚拟交际场景，检测学生的英语语言综合技能。第四，教师在课前要提前备好突发网络卡顿的预案，尽可能实现多平台转换，比如在课程直播时遇到卡顿，应及时引导学生转至微信或钉钉等平台，既保障了课程的有效进行，又缓解了网络压力。

二、教育信息化背景下高校英语线上平台创新路径

教育信息化的核心内容是教学信息化，就是要使教学手段科技化、教育传播信息化、教学方式现代化。信息化教学已作为一种崭新的现代化教学手段进入外语教学，成为外语教学发展的一个新趋势。高校英语线上教学平台可通过整合学习资源、融通交流路径、完善评估系统等途径创新信息化教学。

（一）创建高校英语线上资源数据库，丰富教学资源

要想建立完善的高校英语线上资源数据库，首先要重点打造线上英语精品课程。由教育部的相关部门作为牵头，联合各高校，加入对课程建设的资金投入力度，聘请优秀的英语教师录制课程，将其打造为精品课件上传至高校网络平台，让学生能够随时接受名师教学指导。其次，要不断优化和丰富高校线上的英语教学平台的相关资源，构建多元化的英语学习架构，充实学生的学习内容。教师可把日常英语对话、词汇、教学课件、考试指导等相关音视频资料上传到平台，方便学生查找和学习；或是将一些新闻资料的音频上传，如 CRI（中国国际广播）、the Daily Telegraph（英国每日电讯报）等，不仅丰富学生的学习内容，而且还能帮助学生打开学习视野、拓宽知识。

（二）搭建师生线上交流路径，发挥平台价值

利用线上平台搭建师生交流渠道，可更好地发挥线上教学资源作用，能够有效实现实时沟通与互动交流。具体来说有以下方式：(1)在线上平台设置留言互动版块，开设英语教师专栏，学生在遇到问题时可以直接向教师反馈留言，教师在线上能够针对学生的问题做出详细的解答，实现交流的实时互动性。(2)利用微信、钉钉等平台建立学习群，使师生之间建立有效联系，增强教师了解学情，提高教学针对性。(3)在线上平台设立英语自学模块，包含课程目标、学习任务、练习和反馈等，指导和督促学生完成指定的英语学习任务，也方便教师对学生进行检查和批改，并为其提供相应的指导。

（三）构建线上教学评估系统，提升教学效果

评估和成绩考核功能既可以对学生的英语学习起到监督、测试的作用，又能实现对教师教学效果的评价。建立健全高校英语线上教学评估系统包含：（1）搭建高校英语考试题库，让系统依据相关教学内容自动生成不同考题组合，学生进行在线测试，既能有效预防作弊和抄袭，又能让教师针对学生学习薄弱点进行针对性教学。（2）建立配套在线评分系统，学生完成在线考试后，马上公布成绩，并提供答卷分析报告，让学生从中发现知识和能力短板，找到学习问题对策。（3）题库中应加强对英语主观题评价力度。高校英语教学实践中发现，教师对主观题评分常会耗费很多精力，评分也存在随意性，此类题型分值又较高，所以应开发主观题评分系统。此系统不是将答案直接呈现给学生，而是给出主观题答题要点和解题思路指导，将标准答案以参考的形式给学生讲解。通过建立科学完善的英语线上教学评估系统，能够真正促进教学，从而增进教学目标达成。

三、教育信息化背景下高校英语线上课堂实施路径

（一）夯实课前自主学习，促成高效课堂

构建好英语线上教学平台后，需要进一步对线上课程进行创设和具体实施。教师在讲解"综合英语"课程前，可提前布置线下自主学习任务。要求学生根据单元学习问题，思考单元话题，储备语言信息，便于课堂交流讨论；学生线上完成关于单元话题的听力训练，或观看与单元话题相关的短视频；学生阅读教师指定的阅读文本材料。在线上课堂中，教师可以通过话题陈述、回答问题、词汇小测等语言学习任务，来检测学生课前自主学习的情况，提高课堂参与性和互动性，归纳提炼学生线下学习内容，打造高效英语线上课堂，确保线上英语教学实效。

（二）科学安排输入内容，细化教学步骤

语言输入是语言习得的重要前提。研究表明，缺少语言输入的课堂教学是无助于语言习得的，因为语言习得与语言规则的学习是两个不同的过程，其结果也不同。根据 Krashen 的输入假设理论，即"i+1"理论，在语言信息输入时既要清晰，也要保证其超过学习者现有水平的合理性。教师备课中要以"i+1"理论为基础，注重新知在旧知中的融合，依托旧知实现新知导入，帮助学生更好地理解与接受新知，提升其学习兴趣和积极性。同时，教师通过细化每个教学环节，反复斟酌与推敲课堂活动的可操作性和时间分配，根据学生需求合理设计教学，通过"翻转教学"将学习任务单提前发送给学生，为有效的教学实施做好铺垫。

（三）遵循语言学习规律，提升学习自信

"语言模因论"指出，语言学习本质是复制到传播的一个过程。基于此，应立足学生学习规律，让学生语言输出以模仿为切入点，之后进行改编和创造，其最终目的就是要在

由浅入深的背景下帮助学生不断获得知识。以"综合英语"话题口语教学为例,教师先要明确话题特征,遵循由易到难原则向学生提供契合其兴趣点的话题,并提供地道的表达词、句式作为辅助,为语言图式提取困难学习者搭建学习支架;也可借助微信社交软件,让学生结合对话练习,在同伴学习中发展显性和隐性语言,培养学习者语言输出的自信心与获得感。还可提供对话模板,让学生根据模板创编对话。在此过程中要确保对话内容贴近交流需求,让学生能用学到的语言和技能来解决实际学习中的生活问题,提升语言学习自信。同时,通过线上教学,口语教学要与"综合英语"听、读和写其他技能训练相结合,循序渐进,实现课程知识和技能整体联动的教学目标。

(四)分解语言认知难点,协同知识构建

在围绕课文内容讲述时,可遵循由点及面、由词到句的原则对知识点进行合理分解,设计层次分明、逻辑性强的多模态课件,使学生对知识点能够一目了然。以 spur sb. on sth./to do sth. 时,可先呈现含有此短语的语篇或语境,学生根据上下文推测短语含义或提供几种含义让学生选择,降低学生语言学习焦虑。焦虑是影响习得语言的一个情感因素。在外语学习时,焦虑感较强的学习者,情感屏障高,获得的输入少;反之,则容易得到更多的输入。当学生建构该知识点后,接着可讨论其用法,如将其汉语例句翻译成英语,训练学生语码转移能力。还可以讨论学生不同的翻译表达,选出最佳译文,让学生在学习英语词法句法的同时,能够培养口语、思维和翻译能力。

(五)强化产出导向设计,保证学习效果

产出导向法中提出了具体的教学流程,对课堂设计需要进行重构,使学生学习参与度得到充分提升。该流程的驱动、促成和评价三个阶段都必须充分发挥教师的中介作用,如引领、设计、支架等。产出导向设计可包括:第一,采用真实任务驱动,激发语言产出。以"综合英语"Silent Spring 一文为例,本文主要讲环境破坏对自然和人类的危害。针对口语和写作输出训练,教师可设计基于真实情景的话题并在线上发布:假设你将给联合国环境规划署写一封英文电邮,介绍中国乡村环境治理方法和成效,向世界分享中国的治理方案,并将内容用演讲的方式在全班宣讲或在新媒体上进行视频演说。通过产出导向的语言活动设计,学生的学习积极性得以调动,学习目标更趋实用性和针对性,学习效果得到保证。第二,提供任务支持和产出评价标准。教师要对学习目标及产出任务进行明确,在网络平台上投放学生自主学习资源包,包括语言信息、任务关联信息、产出模板、语言产出评价量表等,帮助学生明确语言、交际、素养等多维目标和任务,从而在任务实施的过程中更加有的放矢,提高产出质量。

总之,通过分析高校英语线上教学问题,提出整改措施,进而优化英语线上教学平台,创新在线课堂实施路径,有助于实现线上英语的学习目标,提升线上英语的教学质量。在信息化教学创新路径中,高校既要完善相关的硬件设施,又要不断升级英语软件的功能。此外,还要积极利用线上网络平台和资源,为学生创设多元高效的线上课程学习环境,科

学合理地安排教学内容，强化语言产出练习与检查，并在线上课程实施中有机融入英语思政教育，能够促进学生全面发展。

第八节 需求分析视阈下的地方应用型高校大学英语学习环境建构

中国高等教育正进行结构性调整和创新性改革。《关于引导部分地方普通本科高校向应用型转变的指导意见》《国家教育事业发展"十三五"规划》等文件指出，地方应用型高校将从治理结构、专业体系、课程内容、教学方式、师资结构等方面进行全方位、系统性的改革，增强为区域经济社会发展服务的能力、为行业企业技术进步服务的能力、为学习者创造价值的能力。

大学英语作为地方应用型高校的一门通识必修课程，如何围绕转型创设满足各层面需求的软硬件环境，培养专业知识和外语素养兼具的应用型人才，成为大学英语课程改革和发展的焦点。对高校大学英语学习环境的研究而言，学界主要从教育生态、教学范式、教师发展等方面展开理论和实证研究（周莹，2017；秦丽莉，戴炜栋吗，2015；高吉利，李秀萍，2011），而对地方应用型高校大学英语学习环境整体构建鲜有讨论。本节从外语教学需求分析视角出发，运用问卷调查和访谈结合的研究方式，调查研究地方应用型高校大学英语课堂学习环境需求。通过分析调查数据，可以找出地方应用型高校大学英语学习环境存在的问题，进而建构满足学习者多元需求的大学英语学习环境体系。

一、外语教学需求分析概述

用于外语教学的需求分析（Needs Analysis）源于课程开发理念(Curriculum Development)。20 世纪 70 年代以前，它由欧洲现代语言项目组提出，为设计出结构化的分级教学大纲，项目团队开展语言形式层面研究，分析了句子结构的语法复杂性。但由于课程设计未关注学习者的需求，随之受到质疑。在交际法发展阶段，课程大纲设计者开始专注于确定学习者的需求，分析学习者外在客观需求和认知情感等主观需求。多年来，需求分析从狭义论到广义论，扩大了研究的范围和视角，并产生了不同类型的需求框架来界定与外语学习相关的各类需求。

围绕需求分析的定义、分类、模式和方法，国外学者开展了丰富的理论和实践研究。Fatihi (2003) 认为，需求分析是了解学习者应有什么、需要什么和缺乏什么的一种方法。有影响力的需求分析模型包括社会语言学模型（Munby, 1978）、以学习为中心的方法（Hutchinson & Waters, 1987）、以学习者为中心的方法（Brindley, 1989）和基于任务的方法（Long, 2005）。几种模型按照学习者由内到外的需求指向表现出如下特征：

（1）外语教学设计需结合学习者的外在需求（客观需求）和内在需求（主观需求），充分考虑学习者学习过程需求（过程导向需求）和学习产出需求（产品导向需求）。（Brindley，1989）

（2）ESP教学不仅要关注语言需求，更要关注学习者的目标需求（基于目标情景下的必需品、缺乏品和需要品）和学习需求（学习背景、学习态度、学习环境、学习内容、学习指导等）。（Hutchinson & Waters，1987）

（3）为学习者设计针对目标语的交际活动，交际能力的有效性源自对"目标情境"变量的认知和应用(Munby，1978)，即对语域（register）的三个社会变量：语场（field），语旨（tenor）和语式（mode）的理解、加工和处理。

（4）外语教学和学习的焦点并非"结构或其他语言元素"（概念、功能、词汇等），而应通过"真实世界任务"或"目标任务"驱动促成语言变量和社会语言变量的有效利用。（Long，2005）

近年来，国外外语教学需求分析研究围绕课程开发和教学设计展开。Kaewpet(2009)指出，外语课程开发想要取得成功，学习者的需求应得到重视，在"学习者需求调查框架"下开展课程实施和课程评价，以满足学习者的需求。Nunan(2012)从学习需求出发，呼吁语言教学设计要关注学习本体和学习本质，实施以学习者为中心的教学模式。针对学习者目标需求，也有学者提出外语教学设计应注重任务驱动下的媒体技术与语言学习整合。（González-Lloret，2017）

基于国外需求分析研究，国内学者主要对相关理论开展引介和实证研究，从宏观教学和微观课程等多层面构建需求分析模式。有些学者将外语学习环境作为学习者个体需求进行归类分析，主要对课堂的关联要素如教学班规模、课堂学时、教学条件和设备、学习者客观情况、学习者主观需求等展开讨论。（王海啸，2004；陈冰冰，2010）

国内外外语教学需求分析研究表明，对外语学习者学习的内外在需求分析仍不容忽视。学习环境是影响学习者学习的外部环境，是促进学习者主动建构知识意义和促进能力生成的外部条件。外语学习环境需求分析可为外语课程的设置、教学目标和教学方法的选择、课程实施和评估提供参考依据。

二、研究设计和过程

（一）研究问题

为了更好地了解大学英语学习环境需求，弄清地方应用型高校大学英语课堂学习环境架构，本研究主要尝试回答以下问题：

1）地方应用型高校学生对目前大学英语课堂学习环境的满意度如何？

2）地方应用型高校学英语学习环境存在哪些问题？

3）如何建构地方应用型高校大学英语学习环境体系？

（二）研究方法

针对研究问题，主要通过问卷调查研究方法，对调查对象发放调查问卷并进行抽样访谈，根据获得的调查数据进行定量、定性分析，最后结合文献研究和教师内省反思来解决问题。

（三）研究过程

选取重庆某应用型高校大一、大二非英语专业的学生来作为调查研究对象。该校作为新建地方应用型高校，办学历史不长，办学条件有限，教学改革和创新发展空间大。围绕研究问题，设计了大学英语课堂需求调查表。授课教师向学生发放在线问卷调查表，学生用手机或电脑填写提交问卷。共发放 260 份问卷，实际回收 234 份，回收率为 90%，无效问卷 2 份，有效率为 99%。其中，大一学生 169 人，大二学生 63 人。根据样本数据，在问卷星软件平台进行统计分析，并随机对 23 位受试者进行了深度访谈。

三、结果分析

（一）大学英语课堂学习环境满意度

对学生学习环境满意度调研，旨在调查学生对当前大学英语课堂设置和模式的总体态度，调查课堂学习环境是否满足学习者的学习需求。问卷题为"您对目前本校大学英语课堂总体满意度"，回答采用李克特的五等选项。利用 SPSS 软件对数据进行方差分析后发现，不同年级对大学英语课堂总体满意度均呈现出显著性($P<0.05$)差异。从表 7-2 具体对比差异可知，大一、大二学生之间满意度呈显著性差异（$p=0.002<0.01$），大一的平均值 (1.91)明显低于大二的平均值 (2.30)，表明大一的满意度低于大二。通过标准差的离散程度发现，0.85 的偏离程度略小于 0.89，说明大一新生对大学英语有稍高的要求。

表 7-2 不同年级对大学英语课堂总体满意度调查

您对目前本校大学英语课堂总体满意度	大一 (N=169)		大二 (N=63)		F	p
	均值	标准差	均值	标准差	9.764	0.002**
	1.91	0.85	2.30	0.89		

注：* $p<0.05$ ** $p<0.01$

问卷调查后，随机抽样 10% 的受试者（23 人）接受深度访谈，主要从课堂环境、教学方法、学习效果和课后支持这四个维度挖掘学生对大学英语学习环境的评价。访谈发现，88.2% 的学生对课堂学习环境认知缺失或概念模糊，认为学习环境只发生在课内，现有学习环境主要是课堂面授，课外多元英语学习环境缺失。教学方法满意度方面，91.3% 的受访者对教师专业能力和教学素养高度认可，但 76.5% 的学生反映教师教法依然陈旧，未采用翻转式、混合式或探究式等创新教法。针对学习效果，73.9% 的受访学生认为现有学习环境对英语综合能力提升效果并不明显，学生主要通过课外英语试题训练来提高英语课程测试和过级考试能力。在课后学习支持方面，学生谈到班上仅 2% 的学生能参与校内外语言实践平台,受教师专门指导,大部分学生课后语言实践和个性化学习无法获得教师支持。

可见,若受试者从多维度对大学英语学习环境进行综合评价,其对课堂环境总体满意度会偏低。

(二)地方应用型高校大学英语学习环境存在的问题

为了解地方应用型高校大学英语学习环境现状和突显的问题,调查问卷设计了两道主客观题。客观题为"您认为目前本校大学英语课堂存在主要问题有",多选题共5个选项,包含课堂设置、教师教法、学习行为等选项要素。主观题为"您发现的本校大学英语课堂存在的其他问题",获得36条反馈信息,有效反馈信息17条,占比7.3%。数据结果(表7-3)显示出以下三方面问题:

表7-3 大学英语课堂存在的主要问题调查

问题	选项	人数	比例
您认为目前本校大学英语课堂存在的主要问题有(多选题):	学生基础差,多数学生无法用英语与教师进行有效互动。	169	72.84%
	大班教学无法保证每个学生充分的语言训练和语言输出。	96	41.38%
	课堂体系不完善,延伸课堂、课外课堂、在线课堂等缺乏。	90	38.79%
	教师教学方法单一,课堂气氛沉闷。	54	23.28%
	大班额不利于教师进行课堂管理。	36	15.52%

(1)学习内需问题:学习者英语基础制约语言交互

如表7-3所示,"学生基础差,多数学生无法用英语与教师进行有效互动"占72.84%,成为学生最关注的问题。该校70%的学生来自小城镇或边远山区,英语语言基础比较差,词汇量小,语法问题突出,听说能力较弱,课堂上用英语进行语言交流感到困难。学生希望大学英语学习环境能有别于基础教育英语学习环境,在新环境中改善和强化语言基础,能在课内外用英语自由交际。该数据反映,在外语学习需求分析调查中,作为课程设计对象和实施主体的受试者重视个体需求。只有当其内需得到满足时,学习环境设计的针对性和有效性方能体现。然而,现有学习环境未能帮助其解决学习需求问题。

(2)课堂教学需求问题:传统课堂模式阻碍学习者语言实践

选项"大班教学无法保证每个学生充分的语言训练和语言输出"(表7-3)成为大学英语课堂存在的第二大主要问题。该问题反馈出两个课堂教学需求问题,首先是班额问题。受师资和教学资源等因素限制,受测班学生人数均为每班60人以上。41.38%的学生对大班额不支持,认为个人充分参与课堂语言训练的学习需求无法实现。其次是教学模式问题,访谈学生对大班环境下的英语课堂教学模式持非积极的态度。在此模式下,教师主要采用基于教学课件的教学模式,课堂活动中语言能力强的学生占主导,多数学生语言实践无法实现,学习需求得不到满足,而课内语言输出的不足转而制约语言自信力的培养和语言能力的提升。

(3)课堂架构需求问题:多课堂联动缺失导致课堂环境单一

在课堂架构方面,38.79%(表7-3)的受试者将课堂体系不完善,多课堂协作缺乏作为另一主要问题。访谈也发现,部分学习者不再满足于单一课堂环境带来的学习体验,希望能在多维学习环境中体验多模态的大学英语学习模式。表明学生不仅关注大学英语课内学习环境，也关注课外学习环境；既对集中式的学习方式有需求，又对分散式的学习方式有期待。

访谈学生反馈，该校大学英语课堂形式除了传统面授课堂外，基于网络或社会的慕课、微课、实景课等新型课堂形式尚未开展。尽管学校提供了各类通识或专业在线课堂，但大学英语校本网络课堂尚未构建。个别教师尝试了大学英语翻转课堂，但未进行体系化设计和分步实施规划。学校虽然搭建了英语演讲、英语手抄报、英语歌曲比赛等第二课堂平台，但是受众面却很小。

四、讨论

基于大学英语课堂需求调查，结合需求分析反馈问题，地方应用型高校大学英语学习环境构建应以学校为本，针对学生自我学习需求、课堂教学需求、课外多元学习环境需求，构建需求导向的"三维"学习环境体系，即语言输出需求下的第一课堂、语言自主实践需求下的第二课堂和语言项目创新需求下的第三课堂，简称"COS"学习环境体系。

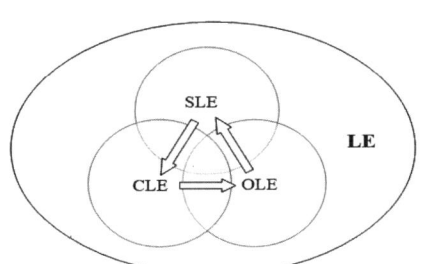

图 7-3　大学英语 COS 学习环境体系

图 7-3 显示，在大学英语"COS"学习环境体系中，LE (Learning Environment) 表示涵盖学习者多元学习需求的整体学习环境、CLE (Classroom Learning Environment) 表示针对面授需求的第一课堂、OLE (Online + Offline Learning Environment) 表示针对线上线下自主学习需求的第二课堂、SLE (Society Learning Environment) 表示针对社会行业实践需求的第三课堂。在该体系内，学生完成前一个课堂学习之后，继续完成对能力要求不同的下一个课堂。学生首先在第一课堂建构语言知识和技能，其次通过第二课堂开展自主实践实训，再次进入第三课堂培养语言综合应用能力，最后再回到第一课堂，调整和完善知识和能力结构，重新开始新循环。各课堂相互关联，共同构成满足多样学习需求的"三维"学习环境体系。

（一）语言输出需求下的第一课堂学习环境

地方应用型高校培养应用型技术技能人才，强调课程学习的实践性和应用性。《大学英语教学指南》（以下简称《指南》）指出，"大学英语教学以英语的实际使用为导向"，培养学生用英语在学习、生活和未来工作中沟通交流的能力。地方应用型高校大学英语教学要重视学生语言输出能力培养,通过优化课堂环境来帮助学生提高英语交际能力。

(1)创设新型课堂生态,促成可理解性语言输出

课堂面授作为大学英语教学的第一环境,是学生语言输出能力培养的起点。调研发现,以教师讲授为主的课堂环境使学生课内无法与教师开展有效言语互动,加之多数学生口语水平有限,语言输出仅停留在话题表层,缺乏对话题深入思辨剖析。受访学生也反映,现有的单一课堂学习环境,难以提高其英语书面交际水平。

因此,第一课堂应从传统的"以PPT课件教学为中心""以词汇语法教学为主导"的课堂模态,转向"以学习者学习为中心""以语言输出能力培养为主导"的新型课堂生态。在此生态下,语言输出应是可理解性的,是围绕语言学习目标和内容,涵盖产出所需的知识、能力和素质,能引起学习者关注语言知识的差异,获取语言新知。教师需要积极创设可理解性语言输出环境,利用语言任务来驱动学习者语言产出。语言输出任务形式有学习陈述、小组展示、讨论交流等。学生以个体或小组方式汇报自主探究学习所得,交流写作内容、思想和技巧。这种新型课堂生态环境基于学生语言输出需求,教学活动以学习为中心,围绕学习产出展开,学生根据输出任务进行语言训练,教师则在环境中提供设问分析、归纳反馈等指导,促成学生可理解性语言输出。

(2)优化语言输入环境,促进认知能力发展

外语习得过程包含语言的输入与输出,输入是语言习得的前提。输入不能自然转化为输出,需要学习者进行感觉、知觉、记忆、思维、想象和语言等认知加工,经过学习者理解、吸收,并伴以实践,才能被内化和掌握,促成可理解性输出。在常态环境下,学习者认知加工信息源于教师课堂信息输入,教学行为过程为单向或顺向,学习者认知加工活动为识记、理解或应用。这一认知行为属于认知低阶活动(Anderson, 2001)。对具有认知优势的高校学生而言,语言学习过程中应培养分析、评价和创造等高阶认知能力。《指南》也提道:"在与来自不同文化的人交流时,能够观察到(较好地处理好)彼此之间的文化和价值观差异。"表明大学英语教学需要优化学习环境,组织学习者对语言文化进行辨别、组织、归因、检查和评论等高层次认知思维训练。

优化输入环境要创造逆向的语言学习环境,语言输入模式由教师主导式输入转为学习者根据语言学习任务进行有准备、有内容、有思想的语言输入,转为师生质疑讨论、互动评价的意义建构式输入。在这种输入环境下,通过语言任务化、问题化和项目化输入来激发学习者高阶认知加工,打通语言和认知思维双向输出通道,促进二者并轨发展。换言之,学习者有效语言产出取决于学习者语言认知建构,前提是优化语言输入环境。所以,在新型课堂学习环境下,学习者可理解性语言输出依赖于语言认知建构下的输入。师生可根据产出任务需求对输入进行有选择的处理,在有限的课堂教学时间内,集中精力学习和理解产出任务所需要的语言形式和相关的学科知识(文秋芳,2014)。在教师导向下,学习者运

用目标语完成异同比较、因果分析、归纳推断、整合创新等语言思维任务，产出有意义的语言，推动认知层级从低阶走向高阶。

（二）语言自主实践需求下的第二课堂学习环境

《指南》指出"大学英语课程兼具工具性和人文性"。围绕这一课程要求，第一课堂面授难以完成，还需要创建契合课程目标需求和个性化学习需求的第二课堂学习环境来完成。

（1）构建"二元"课外学习环境，增强语言自主学习动能

基于语言输出导向的课内学习环境，地方应用型高校大学英语第二课堂要满足学生语言自主实践需求，构建多样、便捷的"二元"课外学习环境。"二元"指课外语言实践活动和网络互动学习平台。前者指各种英语竞赛、英语访谈、英语调查等，学生在该环境下可自主实践语言知识和技能。后者指QQ、WeChat、云班等在线网络平台，学生在该环境下可通过教师设计的语言任务进行语言输出活动，提高语言实践能力。对"构建多维的大学英语课堂体系，您支持哪些课堂形式"的调查中发现，66.38%（表7-4）的受试者认为，学校应创建特色明显、形式丰富的第二课堂。访谈者也希望在指定的课外学习环境下，获得更多语言输出实践机会，习得丰富的语言文化知识，展示优秀的学习效果。

表7-4 多维大学英语课堂形式调查

问题	选项	人数	比例
构建多维大学英语课堂体系，您支持哪些课堂形式（多选题）：	形式多样的第二课堂(英语角、比赛、剧社等)。	154	66.38%
	学生为主体，教师主导的创新课堂(翻转课堂)。	138	59.48%
	开放便捷的微课堂、网络课堂。	116	50.00%
	行业中实践英语的第三课堂。	115	49.57%
	教师讲授为主的传统课堂。	76	32.76%

无论是传统的第二课堂，还是网络的第二课堂，其学习环境建构都要围绕学生个性化自主学习需求，触发学生有效的学习动机，增强语言自主实践能力。自主学习能激发学生的学习兴趣、学习愿望和学习动机；以学生为中心的教学理念，学生主动参与学习环境的教学形式是规避学习动机衰退的有效方式（李成华，2017）。在"二元"课外学习环境下，教师需设计明确的自主学习和实践目标，通过具体语言自主实践任务，激发学生正向的语言学习动能，构建良好的语言学习策略，实现有效的个性化学习。

（2）创建技术驱动的课外学习环境，实现"融通式"自主学习

在"二元"课外学习环境中，学生自主学习需任务驱动来完成，而线上线下"融通式"自主学习环境则需通过技术驱动来创建。外语教学不仅强调要以学生为中心的教学模式，而且更加强调运用现代信息技术促进学生自主学习的信息化教学模式（陈坚林，2011）。《指南》要求"教师要充分利用网络教学平台，为学生提供课堂教学与现代信息技术结合的自主学习路径和丰富的自主学习资源"。

学界从范式、环境等方面对技术支持下的大学英语第二课堂开发建设做了相关研究。肖晗等（2018）指出，以课前自主学习教学视频为前提、课中内化知识为目标、课后拓展阅读为提高，利用手机、平板等移动终端，引导学生进行自主化、个性化学习，构建技术

驱动的大学英语阅读教学模式。还有学者提出在慕课、小规模限制性在线课程、微课背景下的翻转课堂教学模式（马武林，胡加圣，2014；王娜等，2016；宁强，2018)，构建"混合式"大学英语学习环境。相关研究表明，通过把语言知识讲授转移到线上课堂，可以使第一课堂教学时空得以释放，课堂教学结构得以重构，学习环境得以迁移、开放和整合，体现了线上学习与课堂教学有机融通。在"超链接"课外学习环境中，学生既可自主参与符合个性需求的线下学习活动，又可在集文字、音频、视频多模态于一体的线上自主学习任务中发展语言能力，培养合作探究、思辨创新等综合能力。

（三）语言项目创新需求下的第三课堂学习环境

大学英语第三课堂指社会行业实践环境。在该环境中，学生通过项目参与社会实践，开展结合学科专业和英语技能的真实活动。它以创业为导向，以培养懂专业、外语好的应用型人才为目标，是创新性和真实性结合的新型课堂学习环境，是地方应用型高校大学英语学习环境体系的顶层部分。

（1）搭建行业实践平台，培养语言实际应用能力

英语应用能力指用英语在学习、生活和未来工作中进行沟通、交流的能力。《欧洲语言教学与评估框架性共同标准》对"基于行动"（Action-based Approach）的能力进行描述，强调用语言来做事，用语言完成交际目标。《中国英语能力等级量表》（以下简称《量表》)对"基于运用"（Use-oriented）的能力（刘建达等，2017）进行了阐述，注重语言与真实生活场景的关联。表 7-4 显示，49.57% 的受试者支持搭建"行业中实践英语的第三课堂"，表明学生希望在行业社会学习环境下，将语言知识技能的运用和专业行业的工作需求相结合，完成知识和技能的"迁移"和整合创新性应用。在第一课堂知识能力构建和第二课堂知识能力实践的双环境下，地方应用型高校大学英语第三课堂学习环境的创设要以学生语言实际应用能力需求培养为重点，指导学生学会用英语做事，用英语解决实际工作和生活中的问题。同时积极搭建大学英语第三课堂实践平台，与行业产业协同育人，联合开展学生语言实践活动，共同培养应用型外语人才。

（2）开发项目学习平台，提升创新创业实践能力

近年来，基于体验主义哲学的项目学习模式（Project-Based Learning）备受关注，在教育领域应用广泛。其核心是以学生为中心，让学习者在真实的学习任务中完成学习，强调最终成果创造和完成。在语言实际运用和语言创新能力需求驱动下，地方应用型高校大学英语第三课堂学习环境以产学项目为依托，指导学生开展语言创新项目实践，实现语言综合应用和项目产出目标。例如，经贸专业学生在学习贸易主题时，教师可以设计语言创新项目：选取本地一家线下商贸公司，为其经营的产品创建一个跨境电商平台。完成该项目，学生需要组建团队，在教师指导下制订项目实施计划和目标，分工合作开展项目活动。学生需要调研公司及其产品，了解海外市场对产品的需求并做态势分析，翻译产品信息，创建并运行产品在线平台，向海外宣传营销产品，与海外客户电话和电邮沟通，开展售后

服务，维护电商平台等。在实施项目过程中，学生将英语知识、文化、技能等融入真实的学习项目中，培养了跨学科（语言学、商品学、信息科学、管理学等）整合能力，促进了创新创业实践能力。

在《指南》《量表》等文件颁布实施背景下，地方应用型高校大学英语学习环境创设可从需求分析角度出发，围绕学习者学习需求和成长需求，从校本层面进行整体构建，创设科学合理的大学英语学习环境。通过建构"COS"三维学习环境，学习者多元学习的需求得到满足，在多位一体的学习环境中习得、实践和应用语言。

受研究条件限制，本研究仅选取了一所地方应用型高校进行大学英语学习环境建构研究，在样本区域分布上存在不足，在调查对象上大一学生明显多于大二学生。在后续研究中，应考虑扩大样本的覆盖面和均衡性，并尽可能将"COS"学习环境应用到实证研究中，从而进一步验证该体系的有效性。

参考文献

[1] 张学新. 对分课堂：大学课堂教学改革的新探索 [J]. 复旦教育论坛，2014，12(05)：5-10.

[2] 汪军，严晓球. 近十年来国内大学英语大班教学研究综述 [J]. 教育学术月刊，2011(11).

[3] 杨淑萍，王德伟，张丽杰. 对分课堂教学模式及其师生角色分析 [J]. 辽宁师范大学学报 (社会科学版)，2015(09).

[4] 张博雅. 对分课堂：大学英语课堂教学改革的新思路 [J]. 科学与财富，2015(12)：803.

[5] 柴霞. 基于"对分课堂"的大学英语教学实践与反思 [J]. 曲阜师范大学公共外语教学部，2016(06).

[6] 谷陟云. 罗杰斯的人本主义教育观及其启示 [J]. 现代教育科学，2009(10).

[7] 陈爱梅. 人本主义学习理论及对外语教学的启示 [J]. 辽宁师范大学学报，2003(3).

[8] 王健芳. 外语教学改革与实践 [M]. 南京：南京大学出版社，2016.

[9] 孙立伟. 对数字化教学资源建设的思考 [J]. 新西部，2007(12).

[10] 杜振华. 英语资源服务器及网络语音室的安全管理与实践 [J]. 中国科教创新导刊，2008(1).

[11] 李建萍. 分级教学背景下大学生英语词汇学习策略的调查和分析 [J]. 黄山学院学报，2009（8）：99.

[12] 汤闻励. 非英语专业大学生英语学习"动机缺失"研究分析 [J]. 外语研究，2012（1）：70-75.

[13] 李艳，韩文静. 孔子因材施教的教育思想简述 [J]. 吉林教育学院学报，2008（4）：39.

[14] 刘英爽. 国际化背景下大学英语跨文化教育的瓶颈和转型趋势 [J]. 教育评论，2016（7）：115-117.

[15] 王汉英，胡艳红，徐锦芬. 美国康奈尔大学外语教学观察与思考 [J]. 教育评论，2015（7）：165.

[16] 秦秀白，张凤春. 综合教程 3(学生用书)[M]. 上海：上海外语教育出版社，2014.

[17] 王允庆，孙宏安. 高效提问 [M]. 高等教育出版社，2016.

[18] 赵周，李真，丘恩华. 提问力 [M]. 北京：电子工业出版社，2018.

[19] 陈帅. 大学英语修辞教学探析 [J]. 湖北经济学院学报，2013(9)：203-205.

[20] 王涛. 大学英语教学中英语修辞格的赏析 [J]. 英语广场，2013(10)：97-99.

[21] 夏俊萍. 浅析大学英语教学中学生修辞鉴赏能力的培养 [J]. 吉林工程技术师范学院学报，2014(10)：68-70.

[22] 张红. 浅谈英语教学中常见的修辞 [J]. 教师，2015(11)：47-48.